개정2판

TRADE UNION QnA 100

노동조합 100문100답

박성우 / 이상혁 / 권두섭 지음

노동조합 설립·단체교섭·파업·부당노동행위
당신이 노동조합에 궁금한 모든 것

매일노동뉴스

노동조합 설립·단체교섭·파업·부당노동행위
당신이 노동조합에 궁금한 모든 것

노동조합
100문100답

박성우 / 이상혁 / 권두섭 지음

매일노동뉴스

개정판 서문
노동조합, 인간다운 노동을 위한 시작

[노동조합 100문 100답] 초판을 출간한 지 5년이 지났습니다. 그사이 우리 사회에도 많은 변화가 있었습니다. 무엇보다 촛불을 든 시민의 힘이 헌정사상 처음으로 대통령 탄핵을 만들어 냈습니다. 그 승리의 경험이 사회 곳곳에, 특히 직장에 더 많은 인권과 민주주의를 요구하고 있습니다.

노동조합 조합원 수가 늘어나고 있습니다. 초판이 출간된 2015년 10.2%(193만8천명)였던 노동조합 조직률은 2018년 11.8%(233만1천명)로 높아졌습니다. 새롭게 40만명의 노동자가 인간다운 노동을 위한 필수 기본권인 노동삼권을 실제 행사하게 된 것입니다. 고용노동부 통계에 따른 이 수치에는 법외노조 조합원들이 제외돼 있어 실제로는 더 많습니다. 2020년 현재 수치는 공식통계가 아직 나오지 않아 정확히 알 수는 없지만 노동조합 가입·설립 소식이 속속 들리는 노동현장을 보면, 2018년보다 조직률이 훨씬 더 높을 것임은 분명합니다.

공공부문 비정규직, 사내하청 노동자, IT업계 노동자, 다양한 서비스업 노동자, 각종 특수고용 노동자들이 연이어 노동조합을 만들고 있습니다. 특히 택배기사·대리운전기사·퀵서비스기사·보험설계사·배달노동자·정수기설치기사·방과후강사 등 특수고용 노동자들도 행정관청에서 노동조합 설립신고증을 받아 냈습니다. 법원은 학습지 교사·방송 연기자·철도역 매점운영자·자동차 판매원 등을 「노동조합 및 노동관계조정법」(노동법)상 노동자라고 판결했습니다. 소위 무노조 경영의 대명사였던 삼성과 포스코에도 노동조합이 생겼습니다. 의미 있는 변화들이 시작되고 있습니다.

그러나 아직 대단히 부족합니다. 노동조합 조직률이 2% 정도 상승했다지만 여전히 경제협력개발기구(OECD) 가입국 중 꼴찌 수준입니다. 단결권·단체교섭권 관련 국제노동기구(ILO) 기본협약을 한국은 아직까지도 비준하지 않고 있습니다. 새롭게 등장한 이른바 플랫폼 노동자 등 많은 특수고용 노동자들의 법상 노동자성 여부에 논란이 많습니다. 실질적인 권한을 가진 원청 사용자에게 노조법상 사용자 책임을 지우기도 쉽지 않습니다. 복수노조 교섭창구 단일화 제도가 새롭게 노동삼권을 제약하고 있습니다. 지금도 파업에 업무방해죄가 적용되고 있습니다. 노동조합 역시 주로 공공부문과 대규모 사업장에 편중되어 있는 것이 현실입니다.

단언하지만, 노동삼권은 노동자의 인간다운 노동을 가능하게 하는 유일한 수단입니다. 노동조합 없는 노동권은 존재할 수 없습니다. 언제나 노동자에게 노동조합은 선택이 아니라 필수입니다.

개정판 원고 수정을 마무리하고 교열작업을 하던 중 대법원에서 의미 있는 판결 두 건이 마침 같은 날 나왔습니다. 고용노동부가 전국교직원노동조합에 행한 법외노조 통보가 위법하여 무효라는 판결과 한국수자원공사 용역 노동자들이 원청 사업장에서 쟁의행위를 한 것이 업무방해죄에 해당하지 않는다는 판결입니다. 법원이 이러한 법해석을 내린 것은 노동자들이 악법의 틀을 뛰어넘어 끈질긴 활동과 투쟁을 한 결과물이기도 합니다. 더디지만 그래도 우리 사회가 노동자의 힘을 통해 노동이 아름다운 세상을 향해 진일보해 가고 있다고 믿습니다.

개정판은 초판 발행 이후 나온 판례와 법령 개정사항들을 모두 반영했습니다. 대법원 판결을 중심으로 주요 판결은 가급적 사건번호까지 수록했습니다. 초판 발행 이후 복수노조 교섭창구 단일화 제도 관련 판결들이 많이 나와서 특히 단체교섭 파트를 많이 수정했습니다. 고용노동부와 중앙노동위원회의 각종 업무매뉴얼도 각 개정판 내용으로 바꿨습니다. 전체적으로 문항 구성을 재검토했습니다. 일부 문항은 통합하고 순서도 바꾸고 새로운 문항을 추가해서 문항 수도 105문항으로 늘어났습니다. 바뀐 문항뿐만 아니라 전체 문항을 수정했습니다. 설명이 부족했거나 이해가 어려웠던 부분은 내용을 다시 작성했고 참고사항이나 도표 등도 새롭게 넣었습니다. 사실상 전면개정판이라 봐도 무방할 것 같습니다.

이 책은 노동조합에 관한 대중용 법률 해설서다 보니 법령이 개정되거나 새로운 판례가 나오면 그에 따라 개정이 돼야 시의성을 갖출 수 있습니다. 그래야 활용도도 높아질 것입니다. 그 요구에 맞춰 몇 달간의 검토와 수정작업을 거쳐 개정판을 발간합니다. 노동조합 가입·설립에 관심이 높아지는 지금 이 책이 그 사회적 분위기에 불을 키우는 작은 불쏘시개 같은 역할이라도 할 수 있다면 더 바람이 없겠습니다.

2020.10

저자 박성우 · 이상혁 · 권두섭

초판 서문
노동자에게 노동조합은 선택이 아니라 필수입니다

대한민국 헌법은 별개의 조항을 통해 두 개의 노동권을 기본권으로 각각 규정하고 있습니다. '노동의 권리'와 '노동삼권'이 그것입니다. 기본권이란 인간이 인간으로서 살아가기 위해 꼭 보장돼야 하는 기본적인 권리를 말합니다. 즉 헌법은 반드시 두 가지 방식을 통해서만 노동자들의 인간다운 근로조건이 결정될 수 있음을 천명하고 있는 것입니다. 하나는 국가가 정한 최저의 근로조건을 법률로 강제하는 것이고, 다른 하나는 노동자들이 집단적 단결과 교섭 및 쟁의행위를 통해 그보다 나은 근로조건을 스스로 형성해 내도록 하는 것입니다.

별개의 기본권인 이 두 개의 노동권은 그 성격상 일체로서의 권리이기도 합니다. 따라서 두 기본권이 온전히 함께 보장돼야만 인간다운 노동이 가능합니다. 다른 한편으로는, 국가가 정한 최저의 근로조건 역시 사업장 내에서 그것을 강제해 낼 수 있는 조직이 있어야만 지킬 수 있습니다.

우리가 살아가는 자본주의 사회는 글자 그대로 자본이 지배하는 경제체제입니다. 그러므로 자본을 소유한 사용자와 개별 노동자의 관계는 본질적으로 불평등할 수밖에 없습니다. 이러한 현실에서 노동삼권은 노사 간 최소한의 균형과 인간다운 노동을 가능하게 하는 유일한 수단입니다. 노동조합이 없는 노동권이란 존재할 수 없습니다. 단언하건대 노동자에게 노동조합은 선택이 아니라 필수입니다.

97년 외환위기 이후 우리 사회의 노동삼권은 계속해서 약화돼 왔습니다. 구조개혁이라는 미명 하에 갖가지 노동시장 유연화정책이 추진되었고 그 과정에서 가장 큰 걸림돌이 되는 노동삼권에 대한 공격이 진행됐습니다. 신자유주의 노동정책의 결과물인 일상적인 구조조정과 급격한 비정규직의 증가 속에서 노동조합 조직률도 지속적으로 하락해왔습니다. 한편으로는, 사실상 노동삼권이 박탈된 비정규 노동자들의 눈물겨운 투쟁이 새로운 노동조합운동을 만들어 나가고 있기도 합니다.

그 과정에서 먼저 조직된 기존의 노동조합들이 과연 사회적 역할들을 충실히 수행해 냈는지도 자문해 봐야 합니다. 노동자의 유일한 힘이 단결된 조직력에 있듯이, 기업과 업종, 지위와 고용형태를 뛰어넘는 연대의 정신과 실천이야말로 노동조합의 본질이자 진정한 노동권 강화의 해답일 것입니다. 개개인의 노동자가 단결해 노동조합으로 뭉치듯, 전체 노동자의 경제적·사회적 지위 향상을 위해서는 전체 노동자들이 단결해야 합니다. 실질적인 노동조합 성립요건인 자주성과 민주성 그리고 연대와 투쟁의 정신을 다시금 견결하게 세워 내야 할 때입니다.

「노동조합 100문 100답」은 노동조합에 관한 대중용 법률 해설서입니다. 노동조합을 만들거나 노동조합에 가입하는 방법을 법률에 기초해 안내하고 있습니다. 노동조합에는 노동조합 운영 및 활동에 결부된 법률을 올바르게 해석하고 활용할 수 있는 지혜를 드리고자 합니다.

주되게는 「노동조합 및 노동관계조정법」(노조법)을 다루면서 관련된 민형사법 내용도 상세히 설명했습니다. 노동조합 설립부터 일련의 흐름에 따라, Ⅰ. 노동조합 설립·가입, Ⅱ. 노동조합 운영, Ⅲ. 단체교섭 및 단체협약, Ⅳ. 단체행동, Ⅴ. 부당노동행위 등의 5개 장으로 구성했습니다. 앞서 발간된 〈매일노동뉴스〉의 「100문 100답」시리즈와 마찬가지로 질문에 답변을 다는 방식으로 작성했습니다. 따라서 꼭 차례대로가 아니라 필요한 문항을 골라 읽어 보는 방식도 괜찮습니다. 다만 노조활동 경험이 없거나 많지 않은 독자께는 처음부터 순서대로 일독하는 방식을 추천합니다.

법조문이나 판례 내용을 그대로 옮겨 적는 방식은 지양했습니다. 가급적이면 내용을 풀어쓰고 제도의 취지와 목적 등을 알려 드리고자 노력했습니다. 단순한 해설에 그치지 않고 잘못된 법해석은 비판적인 관점에서 평가하고 제도가 갖고 있는 문제점도 언급했습니다. 필요한 범위 내에서는 조직적 관점의 제도 활용 및 대응방안도 담았습니다.

노동삼권을 구체적으로 보장하기 위한 입법이어야 할 노조법이 오히려 노동자들의 권리를 제약하고 있는 현실입니다. 법원 판례 역시 비판적인 평가가 불가피한 것들이 많습니다. 현행 법제도와 법원의 해석이 현실을 따라가지 못하고 있는 측면도 있습니다. 그로 인해 집필 과정에서 많은 고민을 했습니다. 최종적으로는 노동법의 입법취지와 존재목적에 보다 착목하기로 했습니다. 가능한 적극적으로 법을 해석한다는 기조로 글을 작성했음을 밝혀 둡니다. 다만 현실적인 우려점이 있다면 그러한 부분도 함께 언급하는 태도를 취했습니다.

이 책이 노동법을 노동조합 활동의 한계를 정해 둔 것으로 오독되거나 혹시라도 노조법의 형식적인 규정에 경직되게 얽매이는 결과를 야기하는 것을 가장 경계합니다. 노조법의 기본원리는 '노사자치주의'와 '조합민주주의'입니다. 노사관계의 역동성은 악법의 굴레를 뛰어넘어야 하며, 조합민주주의의 원칙은 애매한 법 규정 앞에서 흔들려서는 안 됩니다. 법과 제도의 틀에 갇히지 않은, 새로운 법을 만들기 위한 노동자들의 단결된 투쟁이 노동자의 미래를 만들어 낼 것임을 믿어 의심치 않습니다.

시중에 각종 노동법 해설서들이 많이 나와 있지만 유독 노조법 해설서는 찾아보기 힘듭니다. 그래서 더욱 「노동조합 100문 100답」발간은 대단히 의미 있는 작업입니다. 이 책의 발간을 기획하고, 집필 과정에서 저자들의 게으름을 깊은 인내로 견뎌 주신 매일노동뉴스 가족분들께 감사의 말씀을 드립니다.

보다 많은 노동자들이 노동조합으로 함께 단결해 노동이 아름다운 세상을 만드는 데에 이 책이 작은 일조라도 할 수 있기를 희망합니다.

2015.10

저자 권두섭 · 김형동 · 박성우

CONTENTS

Chapter 1 노동조합 설립·가입   17

001.	노동자에게 노동조합이 왜 필요한가요.	18
002.	노동조합 대신 노사협의회를 잘 운영해도 되지 않을까요.	21
003.	노동조합을 만들려고 합니다. 절차를 설명해 주세요.	23
004.	노동자라면 누구나 노동조합을 만들 수 있나요.	25
005.	형식상 개인사업자로 등록돼 있습니다. 노동조합을 만들 수 있나요.	27
006.	노동조합 설립총회에서는 어떤 것들을 결정합니까.	29
007.	노동조합 설립신고는 어디에 하나요.	32
008.	행정관청에서 규약에 문제가 있다고 보완을 하라고 합니다. 어떻게 해야 할까요.	35
009.	행정관청에 설립신고를 하지 않으면 노동조합으로 활동할 수 없나요.	37
010.	회계부서 직원들이 노동조합에 가입했다고 회사에서 문제제기를 합니다. 이들은 노동조합에 가입할 수 없나요.	39
011.	노동조합 설립 과정에서 해고된 직원들이 있습니다. 해고 이후에도 조합원 신분이 유지되나요.	41
012.	노동조합 조직형태는 자유롭게 정할 수 있습니까.	43
013.	산별노조, 산별노조 하는데 도대체 산별노조가 뭔가요.	45
014.	상급단체가 없다 보니 회사가 노동조합을 만만하게 봅니다. 상급단체에 가입해야 할까요.	48
015.	기업별 노동조합에서 산업별 노동조합 지부로 전환하려고 합니다. 어떤 절차를 거쳐야 하나요.	50
016.	두 개 노동조합을 통합하려 합니다. 어떤 절차를 밟아야 하나요.	53
017.	다수의 조합원들이 노동조합을 탈퇴했습니다. 노동조합 재산 분할을 청구할 수 있나요.	55

Chapter 2   노동조합 운영   59

018.	노동조합 운영과 활동, 노동법대로만 하면 문제없겠죠.	60
019.	노동조합에 가입하겠다는 신청이 줄을 잇고 있습니다.	
	가입 대상자를 선별해서 가입시키고 싶은데요.	63
020.	노동조합 조합원이 갖는 권리와 의무를 설명해 주세요.	65
021.	규약을 정비하고 싶은데요. 규약에는 어떤 내용을 담아야 합니까.	67
022.	규약 해석에 관한 다툼이 있습니다. 어떻게 해야 할까요.	69
023.	조합원이 많아 한자리에 모이기 어렵습니다.	
	조합원 총회를 꼭 1년에 1회 이상 열어야 하나요.	71
024.	11월 8일 조합원 총회를 하려고 합니다. 7일 전인 11월 1일에 공고를 하면 될까요.	73
025.	전체 조합원 90명 중 51명이 총회에 참석해 48명이 투표한 결과	
	25명이 찬성했습니다. 가결인가요.	75
026.	이견이 없어 조합원 총회에서 규약 개정안을 박수로 통과시키려 합니다. 괜찮을까요.	77
027.	노동조합 위원장이 총회 소집을 거부하고 있습니다. 어떻게 해야 하나요.	79
028.	조합원이 얼마 되지 않습니다. 그래도 대의원을 뽑고 대의원대회를 해야 합니까.	81
029.	대의원대회에서 부결된 안건을 조합원 총회에 상정해 처리할 수 있나요.	83
030.	위원장 후보 출마 자격을 노동조합 가입 1년 이상인 자로 제한하고 있습니다.	
	적법한 건가요.	85
031.	1차 투표 결과 과반을 득표한 위원장 후보가 없는데,	
	다득표자만을 대상으로 찬반투표를 실시해도 되나요.	87
032.	조합비를 장기간 미납한 조합원을 징계하려고 합니다. 제명도 가능한가요.	89
033.	노동조합 운영에 대해 문제를 제기하다 징계를 당했습니다. 구제절차를 설명해 주세요.	91
034.	노동조합 회계 상황은 어떻게 감사합니까.	93
035.	노동조합 전임자는 꼭 있어야 하나요.	95
036.	노동조합 전임 활동 중에 사고로 다쳤습니다. 산재보험 적용이 가능할까요.	97
037.	노동조합 조합원이 178명인데요. 전임자를 몇 명까지 둘 수 있습니까.	99
038.	조합원들이 총회나 대의원대회에 유급으로 참석하는 시간도	
	근로시간면제 한도 범위 내에서 사용해야 하나요.	102
039.	타임오프 제도에 어떻게 대응해야 할까요.	104

CONTENTS

Chapter 3 단체교섭 및 단체협약 107

040.	사내하청 노동조합이 원청 회사에 단체교섭을 요구할 수 있습니까.	108
041.	노동조합 위원장이 조합원 총회를 거치지 않고 상급단체나 제3자에게 교섭권을 위임할 수 있나요.	110
042.	노동조합이 비정규직 정규직화를 요구하자 회사는 인사권에 관한 사항이라며 교섭 대상에 포함할 수 없다고 합니다. 적법한 주장인가요.	112
043.	단체교섭을 하려면 반드시 교섭창구 단일화 절차를 거쳐야 합니까.	114
044.	교섭창구 단일화 절차를 거쳐 교섭을 하던 중 새로운 노동조합이 설립되면 다시 창구단일화 절차를 진행해야 하나요.	117
045.	교섭창구 단일화 절차를 밟고 있습니다. 교섭요구 노동조합은 어떻게 확정하나요.	119
046.	교섭대표노동조합을 결정하는 절차를 설명해 주세요.	121
047.	교섭요구를 했는데 회사가 교섭창구 단일화 절차를 진행하지 않습니다. 어떻게 해야 하나요.	125
048.	어느 쪽이 과반수 노동조합인지 다툼이 있습니다. 어떻게 판단하나요.	127
049.	조합원이 A노동조합은 200명, B노동조합은 180명입니다. 30명은 두 노동조합에 모두 가입했어요. 각 노동조합 조합원 수는 어떻게 산정하나요.	129
050.	교섭대표노동조합으로 결정된 후 조합원 수가 감소했습니다. 교섭대표노동조합 지위를 유지할 수 있나요.	131
051.	교섭대표노동조합이 소수 노동조합의 의견을 전혀 수렴하지 않고 교섭을 진행하고 있습니다. 어떻게 대응해야 하나요.	133
052.	단체협약을 체결하면서 소수 노동조합에는 사무실을 제공하지 않기로 했는데, 공정대표의무 위반 아닙니까.	135
053.	사용자의 공정대표의무 위반은 부당노동행위 아닌가요.	137
054.	교섭단위를 분리하려면 어떻게 해야 하나요.	139
055.	단체협약 유효기간 중에 사용자에게 보충교섭을 요구할 수 있을까요.	141

056.	단체교섭 방식과 일정, 교섭위원 처우를 담은 임시협약을 맺었는데요.	
	이것도 단체협약인가요.	143
057.	노동조합 위원장이 조합원들의 의사에 반하는 단체협약을 체결했습니다.	
	유효한가요.	145
058.	단체협약과 취업규칙이 다릅니다. 무엇을 먼저 적용하나요.	147
059.	"부당해고 판정 시 해고기간 중 임금상당액에 평균임금의 100%를 가산해 지급한다"는	
	단체협약 조항을 노사가 다르게 해석하고 있습니다. 어떻게 해석해야 할까요.	149
060.	회사가 노동조합과 사전에 '합의'해야 한다는 단체협약상 조항을 '협의'로 바꾸자고 합니다.	
	어떤 차이가 있나요.	151
061.	단체협약에 "단체협약상 징계사유로만 징계할 수 있다"고 명시돼 있으면	
	취업규칙상 징계사유로는 징계할 수 없나요.	153
062.	휴일근로수당 지급률을 통상임금 100%에서 50%로 축소하는 단체협약을 체결했는데	
	취업규칙에는 여전히 100%로 남아 있습니다. 어느 것이 적용되나요.	155
063.	노동조합과 회사가 경영이 어렵다는 이유로 체불임금을 탕감하는 합의를 했습니다.	
	이래도 되나요.	157
064.	단체교섭에서 임금인상을 합의했습니다. 비조합원에게도 적용됩니까.	159
065.	시내버스 회사 14곳 중 12곳이 공동 단체협약을 체결했습니다.	
	나머지 회사 노동자들도 단체협약 적용을 원하는데, 가능할까요.	161
066.	특정 사업부를 다른 회사에 양도하고 고용을 승계한 경우 단체협약도 승계가 됩니까.	163
067.	전세계약처럼 단체협약도 자동연장이 가능한가요.	165
068.	단체협약을 자동으로 갱신할 수도 있나요.	167
069.	단체협약에 노사 동수로 징계위원회를 구성한다는 조항이 있습니다.	
	단체협약이 해지된 경우 징계절차는 어떻게 되나요.	169
070.	단체협약이 해지되면 노동조합 사무실과 집기를 사용자에게 돌려줘야 합니까.	171
071.	사용자가 단체협약을 위반했습니다. 형사처벌을 받게 할 수 있나요.	173

CONTENTS

Chapter 4　　단체행동　　177

072.	파업권의 역사와 의미가 궁금합니다.	178
073.	노동조합의 일상 조합활동과 쟁의행위는 어떻게 구분하나요.	181
074.	산업별 노동조합의 지부·지회도 파업을 할 수 있나요.	183
075.	파업을 하려면 어떤 절차를 거쳐야 합니까.	185
076.	산업별 노동조합이 파업을 결의하는 경우 조합원 재적 과반수 찬성 요건은 소속 기업별로도 충족해야 하나요.	188
077.	조정 과정에서 노동위원회가 행정지도 결정을 내리면 파업을 할 수 없나요.	190
078.	노동위원회에서 행정지도가 나오지 않게 하려면 어떻게 대응해야 할까요.	193
079.	파업기간에 회사에서 농성을 해도 괜찮을까요.	195
080.	회사 안에서 집회를 할 때 알아 두어야 할 것이 있을까요.	197
081.	사내하청 노동자들도 원청 사업장에서 집회 등 노동조합 활동이나 쟁의활동을 할 수 있나요.	199
082.	노동조합이 회사 내에 게시해 놓은 현수막을 회사가 강제로 철거할 수 있나요.	201
083.	노동조합 유인물과 게시판에 쓴 글을 이유로 회사가 명예훼손으로 고소를 했습니다. 어떻게 대응해야 합니까.	203
084.	노동조합이 파업을 예고하니까 회사에서 계약직 10명을 채용했습니다. 불법 대체근로 아닌가요.	205
085.	파업 돌입 이틀 만에 회사가 직장폐쇄를 하고 사업장 퇴거를 요구하고 있습니다. 적법한 행위입니까.	207
086.	파업을 중단하고 직장에 복귀했습니다. 다시 파업을 하려면 조정절차를 또 거쳐야 하나요.	209
087.	필수공익사업장에서는 전면파업이 불가능한가요.	211
088.	파업 중에 회사가 노동조합의 각종 활동을 제한해 달라는 가처분 신청을 법원에 제기했습니다. 노동조합은 뭘 하면 될까요.	214

089.	파업기간 중 각종 민·형사 문제와 징계책임을 최종 교섭에서 정리하고 타결하려 합니다. 주의해야 할 점은 어떤 게 있나요.	216
090.	경찰서에서 고소가 됐다며 출석을 요구하는 우편을 받았습니다. 출석해야 합니까.	218
091.	파업 때 있었던 일로 법원에서 벌금을 내라는 약식명령 판결문을 받았습니다. 정식재판청구를 하고 싶은데요.	220
092.	파업에 대한 형사처벌 문제가 국제사회에서 비판을 받는다고 들었습니다. 구체적으로 설명해 주세요.	222
093.	대법원이 파업에 대한 업무방해죄 적용과 관련해 입장을 바꿨다고 들었습니다. 어떤 내용인가요.	224
094.	언론에서 노동조합의 정당한 파업을 왜곡하고 귀족노동조합이라고 비난합니다. 제재방법이 있나요.	226

CONTENTS

Chapter 5　　부당노동행위　　229

095.	회사가 노동조합 활동에 간섭합니다. 처벌받게 할 수 있나요.	230
096.	노사갈등으로 노동조합 위원장이 무단결근을 했습니다. 이를 이유로 회사가 위원장을 해고하면 부당노동행위인가요.	233
097.	회사가 노동조합 조합원들만 연장근로를 못하게 합니다. 부당노동행위 아닙니까.	235
098.	승진과 동시에 조합원 자격을 상실했습니다. 승진도 부당노동행위가 될 수 있나요.	237
099.	단체협약에 유니언숍 조항이 있습니다. 신규직원이 다수 노동조합에 가입하지 않고 바로 소수 노동조합에 가입할 수 있나요.	239
100.	사용자가 단체교섭 전제조건으로 노동조합 파업 중단을 내걸었습니다. 이런 경우는 정당한 교섭 거부인가요.	241
101.	사용자가 아예 단체교섭을 거부합니다. 어떻게 대처해야 할까요.	243
102.	노동조합이 싫다고 공공연하게 말하는 사장, 처벌할 수 있나요.	245
103.	사용자에게 노동조합 운영비를 지원받는 것도 부당노동행위에 해당하나요.	247
104.	복수노동조합 사업장에서 예상되는 사용자의 부당노동행위는 어떤 것들이 있습니까.	249
105.	노동조합 활동을 이유로 4개월째 무기정직 중입니다. 부당노동행위 구제신청을 할 수 있나요.	251

부록　　한눈에 보는 2020년 12월 개정 노조법　　255

2020년 12월 9일 노조법 개정안과 교원노조법 개정안, 공무원노조법 개정안이 국회 본회의를 통과했습니다. 개정 법은 공포 후 6개월이 경과한 날부터 시행합니다. 이 책을 발간한 지 얼마 되지 않아 노조법 일부 조항이 개정된 관계로 해당 내용을 담는 것이 좋겠다고 판단했습니다. 105개 문항의 관련 질문과 답변을 개정 법 내용에 따라 수정하기보다는 책 맨 뒤에 개정 법 내용만 따로 정리하여 싣는 방식을 택했습니다. 이 책의 개정2판 1쇄부터 본 내용을 추가하여 발간합니다.

일러두기

〈법률명 약칭〉
- 「대한민국헌법」: 헌법
- 「근로기준법」: 근기법
- 「근로자참여 및 협력증진에 관한 법률」: 근로자참여법
- 「공무원의 노동조합 설립 및 운영 등에 관한 법률」: 공무원노조법
- 「교원의 노동조합 설립 및 운영 등에 관한 법률」: 교원노조법
- 「노동조합 및 노동관계조정법」: 노조법
- 「노동조합 및 노동관계조정법 시행령」: 노조법 시행령
- 「노동조합 및 노동관계조정법 시행규칙」: 노조법 시행규칙
- 「산업재해보상보험법」: 산재보험법
- 「집회 및 시위에 관한 법률」: 집시법

〈판례 등 사건번호 표기 예시〉
- 헌법재판소 결정: 헌재 2008. 7. 31. 2004헌바9 결정
- 법원 판결·결정: 대법원 2014. 2. 13. 선고 2011다78804 판결
  대법원 2014. 2. 13. 선고 2011다78804 전원합의체 판결
  서울고법 2012. 9. 12. 선고 2011라1252 판결
  대구지법 2013. 12. 15. 선고 2012나60501 판결
  창원지법 2017. 1. 11. 선고 2016카합10286 결정
- 고용노동부 행정해석: 1998. 12. 26. 노사 68107-401

〈매뉴얼〉
- 「근로시간면제 한도 적용 매뉴얼」고용노동부, 2013년 6월
- 「집단적 노사관계 업무매뉴얼」고용노동부, 2016년 9월
- 「조정 및 필수유지 업무 매뉴얼」중앙노동위원회, 2018년 1월
- 「복수노조 업무 매뉴얼」중앙노동위원회, 2019년 12월

노동조합 100문 100답

CHAPTER 1
노동조합 설립·가입

Q 001
노동자에게 노동조합이 왜 필요한가요.

노동자의 권리를 보장해 주는 각종 노동관계법률(노동법)이 있습니다. 그러나 사업장에 법 적용을 강제하는 장치가 없다면 노동법은 그림의 떡일 수도 있습니다. 현실에서 개별 노동자가 노동법을 무기로 사용자를 상대하기는 대단히 힘든 일입니다. 노동법에 제도화되어 있지 않은 사안들도 많습니다. 사용자가 법을 지켰다 하더라도 그것만으로는 해결되지 않는 일들이 자주 있습니다.

노동자의 권리를 실질적으로 지켜 주고 강제해 내는 조직, 나아가 인간다운 노동조건을 현실화하는 사실상 유일한 수단, 그것이 바로 노동조합입니다.

「대한민국헌법」(헌법)은 노동권을 국민의 기본권으로 명시하고 있습니다. 기본권이란 인간이 인간으로서 인간답게 살아가기 위해 꼭 필요한 기본적인 인권을 말합니다. 헌법에 보장돼 있는 노동권은 두 가지로 구분됩니다. "모든 국민은 근로의 권리를 가진다"(헌법 제32조 제1항)는 '노동의 권리'와 "근로자는 근로조건의 향상을 위하여 자주적인 단결권·단체교섭권 및 단체행동권을 가진다"(헌법 제33조

제1항)는 '노동삼권'이 그것입니다.

　사람이 살아가는 데 필요한 재화와 서비스를 만들고 사회를 유지·발전시키는 생산활동은 자본과 노동이 결합해 만들어 낸 결과물입니다. 그런데 자본주의 체제를 유지하는 두 개의 큰 기둥인 자본과 노동의 관계는 본질적으로 평등하지 않습니다.

　노동법이 없던 초기 자본주의 사회에서 자본을 보호하는 재산권은 절대적인 권리로 보장된 반면 노동은 권리로서 인정조차 되지 않았습니다. 불공정한 근로계약이 판을 쳤고 노동자들에 대한 착취는 극에 달했습니다. 노동자들은 죽도록 일해도 오히려 궁핍해지는 현실을 극복하고 생존하기 위해 필연적으로 투쟁을 하게 됩니다. 그 결과 자본주의 체제에서 자본과 노동은 본질적으로 불평등하다는 진실을 인정하고 이른바 시민법 질서를 개정하자는 사회적 요구가 형성됩니다. 이것이 경제적·사회적 약자인 노동자를 보호하고 노동과 자본 간의 실질적인 평등을 지향하는 노동법이 탄생한 배경입니다.

　'노동의 권리'를 기본권으로 인정한 우리 헌법은 "근로조건의 기준은 인간의 존엄성을 보장하도록 법률로 정한다"(제32조 제3항)고 규정하고 있습니다. 이렇게 만들어진 대표적인 노동법이 「근로기준법」(근기법)입니다. 근기법상 노동조건은 표준기준이 아니라 인간의 존엄성을 보장하기 위한 최저기준일 뿐인데도 현실에서는 잘 지켜지지 않습니다. 노동법 준수 여부가 "사장님이 좋은 분인가"에 달려 있다 해도 과언이 아닙니다. 사용자를 근기법 위반으로 신고해 침해된 권익을 구제받으려면 때로는 회사를 그만둘 각오를 해야 합니다.

　이런 근본적인 현실 또한 인정하기 때문에 헌법은 노동의 권리에 더해 또 하나의 기본권으로 노동삼권을 보장하고 있습니다. 즉 개별 노동자와 사용자의 관계는 본질적으로 불평등하고 국가가 최저의 노동조건을 법률로 강제하는 것조차 한계가 있다는 얘기입니다. 그래서 노동자는 뭉쳐야 인간다운 노동을 할 수 있다는 진리를, 인간답게 살기 위해 필수적인 인권인 헌법상의 기본권으로 명시하고 있습니다. 노동자들이 단결해 조직(노동조합)을 만들고, 그 조직을 통해 집단적으로 사용자와 교섭을 해서 최저기준 이상의 노동조건을 스스로 만들어 내도록 하는 것이죠. 아울러 단결된 노동자의 힘을 통해 경제적·사회적·정치적 지위까지 개선해 내라는 겁니다. 요구사항을 관철하기 위해 집단적으로 물리력을 행사하는 쟁의행위까지 보장하고 있습니다. 파업으로 대표되는 단체행동권까지 갖춰야 노동자와 사용자의 관계가 그나마 최소한의 균형을 이루고 인간다운 노동조건을 정할 수 있다는 의미입니다.

노동의 권리와 노동삼권이라는 두 개의 노동권은 사실상 한 몸입니다. 노동삼권을 실제로 행사하지 못하는 상태에서 실질적인 노동의 권리란 존재하기 어렵습니다. 인간으로서 최소한의 존엄성을 보장받으며 일하기 위해서는, 그저 시키는 대로 일하고 주는 대로 받는 임금노예가 되지 않기 위해서는 노동조합이 꼭 필요합니다. 나아가 회사의 각종 비리·부정과 부당한 행위를 견제하고 건강한 사회를 이뤄 내기 위해서도 반드시 노동조합이 있어야 합니다.

노동조합은 노동자에게 선택이 아니라 필수입니다.

▶ **근로자 / 노동자**

- 사전적 의미로 '근로자'와 '노동자'는 사실상 같은 단어이나 부지런할 근(勤) 자를 사용하는 '근로자'는 '사용자' 입장에서 보는 대상적 개념이자 종속적인 의미를 내포한 단어로도 이해됨.
- 노동계에서는 주체적인 개념인 '노동자'라는 용어를 주로 사용하고 있고 이러한 취지를 반영하여 정부나 언론에서도 근래 '노동자' 사용빈도를 높여 가는 추세임.(문재인 대통령이 2018년 3월 발의한 헌법 개정안에도 '근로자'를 '노동자'로 바꿈)
- 다만 노동법상 용어는 아직까지 '근로자'이므로 이 책에서는 두 용어를 혼용하되 법률용어로 사용하거나 법조문을 해설하는 경우 등 문맥상 필요한 때에는 '근로자'로 표기하고 그렇지 않은 때는 가급적 '노동자'로 표기함.

Q 002
노동조합 대신 노사협의회를 잘 운영해도 되지 않을까요.

노사협의회는 단순 협의기구로서
노동자 권익보호의 실효성이 낮습니다.

헌법상 노동삼권에 근거해 만들어진 「노동조합 및 노동관계조정법」(노조법)과는 달리 「근로자참여 및 협력증진에 관한 법률」(근로자참여법)은 노동삼권과 무관한 법입니다. 사용자가 협의를 거부해도 부당노동행위로 제재할 수도 없고 요구사항 관철을 위해 단체행동을 할 수 있는 권한도 없습니다. 파업권이 전제되지 않은 교섭은 노동자들의 이익을 제대로 대변하기 어렵습니다. 또한 노사협의회 근로자위원은 사용자의 통제나 영향력 아래에 놓일 가능성이 높고 실제 모습도 크게 다르지 않습니다. 노사협의회는 법적 기능이나 권한에서 차이가 너무 커서 노동조합과는 비교 자체가 불가능하며 노동조합을 대신할 수 없는 기구입니다.

노조법상 노동조합 설립은 법상 의무가 아닌 반면 근로자참여법은 상시 30명 이상의 근로자를 고용하는 사업장에 노사협의회 설치를 의무화하고 있습니다. 근로자참여법은 소위 신군부가 정권을 장악한 직후인 1980년 12월 31일 「노사협의회법」이라는 이름으로 처음 제정됐습니다. 이날은 노동조합 설립을 대단히 어렵게 하는 내용을 포함한 당시 「노동조합법」 역사상 가장 극악한 개악이 이뤄진 날이기도 합니다. 노사협의회는 서구의 노동자 경영참가제도를 모델로 한 측면도 없지 않으나 노동조합의 지위와 영향력을 무력화하고 노동조합을 대체하기 위한 목적으로 법상 제도화되었음도 부인하기 어려운 사실입니다.

노사협의회는 근로자와 사용자를 대표하는 같은 수의 위원으로 구성됩니다. 근로자를 대표하는 위원은 근로자들이 선출합니다. 노사협의회는 3개월마다 정기회의를 개최해야 합니다. 이를 위반하면 사용자에게 200만 원 이하 벌금이 부과됩니다. 노사협의회에서는 근로자 고충처리 및 복지증진, 작업환경 개선, 인사·노무관리 제도개선 등 비교적 폭넓은 사항을 협의합니다. 그러나 사용자가 제대로 협의하지 않더라도 제재할 수 있는 장치가 없습니다. 노사가 합의해서 시행하라는 것도 아니기 때문에 단순한 협의에 불과합니다.

근로자참여법은 근로자 교육훈련계획 수립이나 사내근로복지기금 설치 등 다섯 가지 노사협의회 의결 대상을 정해 놓고 있는데, 이 역시 사용자가 일방적으로 시행해도 위법하지는 않다는 것이 고용노동부 해석입니다.(1998. 12. 26. 노사 68107-401) 근로자참여법상 벌칙 규정(제30조)도 노사협의회에서 의결된 사항을 정당한 사유 없이 이행하지 않은 경우에 대해서만 1천만 원 이하의 벌금에 처하도록 정하고 있습니다.

한편 근로자참여법은 노동조합과의 관계에 대해 "노동조합의 단체교섭이나 그밖의 모든 활동은 이 법에 의하여 영향을 받지 아니한다"(제5조)고 규정하고 있습니다. 또한 근로자 과반수로 조직된 노동조합에 노사협의회 근로자위원 위촉권을 부여하고 있습니다. 따라서 노사협의회는 노동조합의 존재를 전제로 해서 노동조합의 상시적 노사협의기구 정도로 활용하면 족하다 하겠습니다.

노동조합을 만들려고 합니다. 절차를 설명해 주세요.

CHAPTER1

 노동조합 조합원이 되는 방법은 두 가지가 있습니다.

**하나는 노동조합을 만드는 것,
다른 하나는 노동조합에 가입하는 것입니다.**

과거에는 주로 같은 회사 노동자들끼리 '기업별 노동조합'을 만들었습니다. 그런데 노동조합을 기업별로 조직하는 방식은 세계적으로 흔하지 않습니다. 노동조합의 역사가 오래된 서구에서는 산업별 노동조합처럼 기업단위를 넘어서는 초기업별(산업별·직종별·지역별 등) 노동조합이 대부분입니다. 회사 내에서는 아무래도 직급과 위계가 있고 사측 교섭위원들이 대부분 상사인 까닭에 기업별 노동조합 형태로는 제대로 된 교섭을 하기 어렵습니다. 사용자가 노동조합 활동을 지배·개입하기 쉬운 환경이기도 합니다. 한국의 노동조합이 유독 기업별 노동조합 방식을 취해 왔던 것은 우선 미군정기에 단체협약을 '공장, 사업장 등 직장을 단위로 체결'하도록 제한했고, 1980년에는 노동조합을 통제하고 탄압하는 목적에서 기업별로만 노동조합을 만들 수 있도록 법이 개악됐던 역사에 기인합니다.

먼저, 산업별·업종별·지역별·기업별로 설립되어 있는 기존의 노동조합을 찾아가 가입하는 방식은 별도의 노동조합 설립절차를 필요로 하지 않습니다. 해당 노동조합의 규약 등에서 정한 내부절차에 따라 가입이 승인됩니다. 해당 노동조합이 초기업별 노동조합인 경우 같은 회사 소속 노동자끼리는 필요한 경우 그 노동조합의 산하기구인 기업별 지부(지회·분회 등)를 구성해 같은 회사 단위로 필요한 활동을 하면 됩니다.

이와 달리 노동조합을 새롭게 만드는 경우에는 ① 2인 이상의 노동자가 모여 노동조합 설립총회를 열어 ② 노동조합 규약을 제정하고 ③ 대표자(위원장)와 회계감사를 선출하면 노동조합으로서 실체를 갖추게 되며, 노조법상 노동조합으로 각종 활동을 하기 위해서는 ④ 관할 행정관청에 노동조합 설립신고를 하면 됩니다. 이미 회사에 노동조합이 있더라도 새로운 노동조합을 만드는 것도 가능합니다.

이처럼 노동조합에 가입하거나 노동조합을 만드는 법적 절차는 아주 간단합니다. 그런데 중요한 것은 단순히 노동조합을 만들거나 조합원이 되는 것만이 아니겠죠. 제대로 된 활동을 하기 위해 노동조합을 만드는 것이고, 그러기 위해서는 노동조합을 만드는 목적·취지와 향후 활동방향에 대한 노동자들의 사전 논의와 공유 절차가 꼭 필요합니다.

노동조합이 생기는 것을 좋아할 사용자는 거의 없습니다. 따라서 사용자의 노동조합 탄압과 탈퇴 압박에 대비해야 합니다. 노동조합이 좀 더 강한 힘을 발휘하기 위해서는 준비 단계부터 더 많은 노동자들이 함께할 수 있도록 조직하는 작업이 무엇보다 중요합니다.

양대 노총 지역본부나 지역지부에서는 산업과 업종을 불문하고 노동조합 설립 및 가입 상담과 지원을 하고 있습니다. 새롭게 노동조합을 만들고자 하는 경우더라도 가급적이면 가까운 노총 지역기구를 찾아가서 자문을 받아 볼 것을 적극 권합니다.

Q 004 노동자라면 누구나 노동조합을 만들 수 있나요.

원칙적으로는 그렇습니다. 다만 헌법은 노동삼권을 기본권으로 보장하면서도 "공무원인 근로자는 법률이 정하는 자에 한하여 단결권·단체교섭권 및 단체행동권을 가진다"(제33조 제2항)고 정하고 있습니다. 공무원의 경우에는 「국가공무원법」(제66조 제1항)에 따라 우정직공무원 등 사실상 노무에 종사하는 공무원(「국가공무원 복무규정」 제28조)을 제외하고는 노동조합을 만들 수 있는 권리가 법률로 제한됩니다.

노조법(제5조) 역시 근로자가 자유로이 노동조합을 조직하거나 가입할 수 있다는 '노동조합 자유설립주의' 원칙을 천명하고 있지만 "공무원과 교원에 대하여는 따로 법률로 정한다"는 단서를 두고 있습니다.

노조법에 대한 특별법으로서 공무원에게 적용되는 「공무원의 노동조합 설립 및 운영 등에 관한 법률」(공무원노조법)은 노동조합을 설립하거나 가입할 수 있는 주체를 6급 이하 일반직 공무원 등으로 제한하고 있습니다. 더불어 다른 공무원에 대한 지휘·감독권을 행사하거나, 노동조합과의 관계에서 행정기관의 입장으로 업무를 수행하거나, 교정·수사 또는 노동관계 조정 및 감독 업무에 종사하는 공무원은 6급 이하라도 노동조합 설립·가입 대상에서 제외됩니다.

그런데 공무원 신분이 아닌 청원경찰의 경우에도 「청원경찰법」에 따라 복무상 국가공무원법의 일부 조항이 준용된다는 이유로 노동조합 설립·가입의 권리가 제한되는 불합리함이 있었습니다. 이 조항은 2017년 9월 28일 헌법재판소에서 헌법불합치 결정이 내려져 2018년 9월 18일 「청원경찰법」이 개정됨에 따라 현재는 청원경찰도 자유롭게 노동조합 설립·가입을 할 수 있게 되었습니다. 다만 단체행동권은 여전히 제한되고 있습니다.(「청원경찰법」 제9조의4)

한편 교원의 경우에도 「교원의 노동조합 설립 및 운영 등에 관한 법률」(교원노조법)이라는 특별법에 따라 노동조합 설립단위에서의 일정한 제한이 있고 공무원과 마찬가지로 단체행동권이 제한됩니다. 교원노조법은 노동조합을 설립할 수 있는 주체에서 대학 교수를 제외하고 있었는데 이 역시 2018년 8월 30일 헌법재판소에서 헌법불합치 결정이 내려져 2020년 6월 9일 교원노조법이 개정됨에 따라 이제는 대학 교수도 노동조합을 설립할 수 있게 되었습니다. 그런데 대학 교수보다 열악한 지위에 있는 국공립대 조교들은 여전히 공무원노조법상 노동조합 설립·가입이 금지되는 대상으로 해석되고 있어 해당 조항에 대한 위헌 여부가 현재 헌법재판소에서 다퉈지고 있습니다.

결국 공무원을 제외하면 어떤 직종의 노동자든 간에 제한 없는 단결권이 보장된다고 하겠습니다.

그런데 근기법상 근로자라도 노조법상 사용자로 분류되는 경우와 사용자는 아니지만 이른바 사용자의 이익대표자로 분류되는 근로자는 노조법에 따라 노동조합 설립·가입이 제한됩니다. 참고로 공무원과 교원뿐만 아니라 「선원법」에 따른 선원, 방위산업체에서 전력·용수 및 방산물자 생산에 종사하는 노동자, 「경비업법」에 따른 특수경비원 등의 경우에는 노동조합을 만들 수는 있지만 각각의 법률에 따라 단체행동권이 제한되고 있습니다.

형식상 개인사업자로 등록돼 있습니다. 노동조합을 만들 수 있나요.

Q 005

노동자로 인정된다면
노동조합을 설립할 수도 있고 가입할 수도 있습니다.
설사 지금은 노조법상 노동자로 보기 어렵더라도
적극적으로 조직을 하는 것이 필요합니다.

비정규직의 한 유형으로서 특수고용 노동자 혹은 특수형태근로종사자, 프리랜서 등으로 불리는 사람들이 있습니다. 대표적인 직종으로는 학습지 교사, 골프장 캐디, 보험모집인, 건설중장비 기사, 대리운전 또는 퀵서비스 기사를 들 수 있습니다. 근래에는 과거 정규직이던 직종에 대해서도 근무형태나 임금체계를 다소 조정하여 프리랜서인 것처럼 형식을 바꾸면서 그 대상과 수가 더욱 많아지고 있습니다. 한편으로는 기술의 발달 등에 따라 고용형태가 다변화하면서 전통적인 기준으로는 근로자성을 판단하기 애매한 이른바 플랫폼 노동자들도 증가하고 있습니다.

노동계에서는 오랫동안 노조법(제2조 제1호 '근로자' 정의 조항)을 개정하여 특수고용 노동자도 최소한 노조할 권리를 보장하라고 요구해 왔습니다. 아직 법 개정까지는 이루지 못했지만, 대법원이 2018년 학습지 교사에 대해 노조법상 노동자로 인정하였습니다.(대법원 2018. 6. 15. 선고 2014두12598·12604 판결)

위 대법원 판결은 노조법상 노동자를 판단하는 요소를 제시했는데, 소득이 특정 사업자에게 주로 의존하고 있는지, 특정 사업자가 보수 등 계약내용을 일방적으로 정하는지, 특정 사업자의 사업에 필수적인 노무를 제공함으로써 이를 통해 시장에 접근하는지, 특정 사업자와의 법률관계가 지속적·전속적인지, 어느 정도 지휘·감독관계가 존재하는지, 특정 사업자에게 받는 수입이 노무제공의 대가인지 등을 종합적으로 고려해야 하고, 노무제공관계의 실질에 비춰 노동삼권을 보장할 필요성 있는지의 관점에서 노조법상 근로자에 해당하는지를 판단해야 한다고 판시하였습니다. 나아가 방송 연기자 사건에서 대법원은 특정 사업자에 대한 소득의 존성·전속성이 약해도 노조법상 노동자에 해당한다고 판단하여 노조법상 노동자의 범위를 상당히 넓게 인정하고 있습니다.(대법원 2018. 10. 12. 선고 2015두38092 판결)

노동법 전문가들은 대법원 판례에 근거하여 플랫폼 노동자 등 새로운 고용형태의 노동자들도 노조법상 노동자에 해당할 수 있는 것으로 보고 있습니다. 고용노동부도 이후 택배기사·대리운전기사 노동조합에 설립신고증을 교부하여, 느리기는 하지만 대법원 판례를 반영하여 노동조합 설립신고 업무를 처리하고 있습니다.

한편, 법적 시비를 돌파하려면 무엇보다 노동자들이 조직역량을 가져야 합니다. 현재 특수고용 노동자로만 구성되거나 이들을 가입 대상에 포함해 실제로 노동삼권을 행사하고 있는 조직으로 학습지교사노동조합·건설노동조합·연기자노동조합·골프장캐디노동조합 등이 있습니다. 특히 지금은 전국 단위 산업별 노동조합의 업종본부로 편제된 '화물연대'의 경우 단위노동조합 시절 설립신고도 하지 않고 노동조합이라는 명칭도 사용하지 않았지만, 사용자 및 국가를 상대로 단체교섭을 하고 필요한 경우 파업을 하면서 조합원의 권리를 담은 단체협약을 체결하는 등 노동조합으로서 활동을 펼쳤음도 주목해야 하겠습니다.

노동조합 설립총회에서는 어떤 것들을 결정합니까.

노동조합 설립목적과 활동방향에 대한 논의가 어느 정도 이뤄지면 총회를 열어 노동조합을 설립합니다. 노동조합 설립총회는 총회에 참석한 사람들만을 재적 성원으로 해서 개의해도 됩니다.

**총회에서는 규약을 제정하고,
임원(대표자와 회계감사)을 선출해야 합니다.**

두 안건은 노조법에 따라 직접·비밀·무기명 투표로 참석인원 과반수 찬성으로 결정해야 합니다. 따라서 사전에 노동조합 규약안을 준비하고 임원을 내정해 둘 필요가 있습니다. 임원은 여러 직책을 다 둘 수도 있으나 노조법은 대표자(위원장)와 회계감사는 반드시 두도록 하고 있습니다. 노동조합 규약안에는 노동조합 명칭과 목적·사업, 주된 사무소의 소재지, 가입 범위 등 노조법상 필수적 기재사항을 넣으면 됩니다. 설립총회는 아래 예시문과 같은 방식으로 진행하면 되고, 반드시 회의록을 작성해야 합니다. 총회에 참석한 조합원들은 그 자리에서 소정의 가입원서를 작성해 노동조합에 제출합니다.

설립총회를 함으로써 노동조합이 설립된 것입니다.

▶ 노동조합 설립총회 회의록 (예시문)

○○노동조합 설립총회 회의록

1. 개회선언
- 사회자(홍길동) : 개회를 선언하다.

2. 노동의례
- 사회자 진행으로 노동의례를 하다.

3. 경과보고
- 준비위원장(임꺽정) : 노동조합 설립준비 경과를 보고하다.

4. 임시의장 선출
- 참석자 만장일치로 임시의장에 홍길동을 선출하다.

5. 서기·감표위원 임명
- 임시의장(홍길동) : 회의 결과 기록과 투개표 진행을 위해 서기에 전우치, 감표위원에 장길산·오만석을 임명하다.

6. 성원보고
- 임시의장(홍길동) : 총 10명이 설립총회에 참석했음을 보고하다.

7. 회순통과
- 만장일치로 회순을 통과시키다.

8. 안건토의
1) 규약 제정
- 임시의장(홍길동) : 준비된 규약안을 설명하고 질문에 답하다.
〈직접·비밀·무기명 투표 진행〉
〈감표위원이 개표 진행〉

- 임시의장(홍길동) : 참석인원 10명 중 투표 10명, 찬성 9명, 반대 1명으로 규약 제정이 의결 됐음을 선포하다.

2) 임원 선출
- 임시의장(홍길동) : 노동조합 설립 준비위원회에서 추천한 임꺽정이 위원장 후보에, 마감동이 사무국장 후보에 동반출마했고, 회계감사 후보에 이몽룡이 출마했음을 공지하고, 추가 후보자 추천이 있는지 물어 없음을 확인하다.
- 임시의장(홍길동) : 부위원장 등 다른 임원은 추후 임시대의원대회에서 선출하는 것에 대한 조합원들의 의사를 묻다.
- 일동 : 동의하다.
〈위원장 및 사무국장 후보, 회계감사 후보에 대해 각각 직접·비밀·무기명 투표 진행〉
〈감표위원이 개표 진행〉
- 임시의장(홍길동) : 참석인원 10명 중 위원장 및 사무국장 후보에 대해 투표 10명, 찬성 10명, 반대 0명, 회계감사 후보에 대해 투표 10명, 찬성 9명, 반대 1명이 나와, 임꺽정이 위원장에, 마감동이 사무국장에, 이몽룡이 회계감사에 선출됐음을 선포하다.

9. 기타토의
- 의장(임꺽정) : 노동조합 설립을 적극 알리고 조직 확대를 위해 매진하기로 하며, 조만간 임시대의원대회를 열어 사업계획을 토의하기로 하다.

10. 폐회선언
- 의장(임꺽정) : 조합원 권익보호를 위해 적극 노력할 것을 다짐하며 폐회를 선언하다.

2020년 7월 1일

임시의장 : 홍길동 (인)
의장 : 임꺽정 (인)
서기 : 전우치 (인)

Q 007

노동조합 설립신고는 어디에 하나요.

노동조합 설립신고는
그 노동조합을 관할하는 행정관청에 해야 합니다.

설립총회 후 노조법 시행규칙(별지 제1호 서식)에 있는 '노동조합 설립신고서'를 작성하고 규약과 설립총회 회의록을 첨부해 관할 행정관청에 제출하면 됩니다. 노동조합 설립신고서에는 ① 노동조합의 명칭 ② 주된 사무소의 소재지 ③ 조합원 수 ④ 임원의 성명과 주소 ⑤ 소속된 연합단체(상급단체)가 있는 경우에는 그 명칭을 적습니다. 연합단체인 노동조합의 경우에는 그 구성 노동단체(단위노동조합)의 명칭, 조합원 수, 주된 사무소의 소재지 및 임원의 성명·주소를 씁니다.

설립총회 회의록은 노조법상 제출서류는 아니지만 규약 제정과 임원 선출 등이 적법하게 이뤄졌는지를 확인하는 최소한의 근거로서 행정관청이 제출을 요구하고 있습니다. 간혹 조합원명부를 비롯해 제출의무가 없는 서류를 요구하기도 합니다. 법에 규정돼 있는 서류 외에는 제출할 필요가 없습니다. 이와 관련해 미등록 이주노동자들도 노조법상 노동조합 설립이 가능하다는 대법원 판결이 2015년에 나왔는데, 노동조합 설립신고 과정에서 고용노동부가 조합원명부 제출을 요구했으나 이주노동자노동조합이 거부하여 노동조합 설립신고서가 반려됐던 사건입니다. 대법원은 법적으로 조합원명부 제출의무가 없고 따라서 이를 거부했다고 설립신고서를 반려한 것은 위법하다고 판결했습니다.(대법원 2015. 6. 25. 선고 2007두4995 전원합의체 판결)

관할 행정관청은 설립신고만 담당하는 것이 아니라 이후에도 그 노동조합과 관련한 업무를 계속 맡기 때문에 가급적이면 잘 알아 두는 게 좋습니다. 노동조합 관련 업무를 담당하는 행정관청은 고용노동부와 지방자치단체로 이원화돼 있습니다. 연합단체인 노동조합과 두 개 이상의 광역단체(특별시·광역시·특별자치시·도·특별자치도)에 조합원들이 존재하는 노동조합은 고용노동부 장관이 관할 행정관청이 되고, 두 개 이상의 기초단체(시·군·자치구)에 조합원들이 있는 노동조합은 해당 광역단체장(특별시장·광역시장·도지사)이, 나머지 노동조합은 기초단체장(특별자치시장·특별자치도지사·시장·군수·구청장)이 관할 행정관청이 됩니다. 참고로 관할 행정관청이 고용노동부 장관인 경우 실제로는 노조법상 위임규정에 따라 노동조합의 주된 사무소를 관할하는 지방고용노동관서장(청장·지청장)이 업무를 담당합니다.

예를 들어 A기업 노동자들을 가입 대상으로 하는 A기업 노동조합의 관할 행정관청은 A기업 사업장이 서울 은평구에만 있는 경우에는 은평구청장, 사업장이 은평구 본사와 마포구 지점으로 나뉘어 있는 경우에는 서울특별시장, 서울 은평구 본사와 대구 지사를 두고 노동조합 사무실이 본사에 있다면 서울서부고용노동지청장이 됩니다.

한편 설립신고증을 받은 뒤 설립신고한 사항 중에서 ① 노동조합 명칭 ② 주된 사무소의 소재지 ③ 대표자의 성명 ④ 소속된 연합단체의 명칭에 변경이 있는 경우에는 30일 이내에 역시 관할 행정관청에 변경신고를 해야 합니다.

■ 노동조합 및 노동관계조정법 시행규칙 [별지 제1호서식] 〈개정 2012.12.27〉

노동조합 [ ] 설립 / [ ] 설립신고사항 변경 신고서

※ [ ]에는 해당되는 곳에 "√"표시를 하시기 바라며, 색상이 어두운 란은 신청인이 적지 않습니다. (앞쪽)

접수번호			접수일		처리기간: 3일	
명칭				노동조합의 형태	단위노조(기업, 지역, 전국), 연합단체, 단위노조의 산하조직	
주된 사무소의 소재지 (전화번호)				조합원 수		
소속된 연합단체의 명칭				※ 연합단체에 가입하지 않은 경우에는 기재하지 아니합니다.		
대표자	성명			주민등록번호		
	주소			전화번호		
	소속사업장			소속부서 및 직책		
임원	직책		성명		주소	
	직책		성명		주소	

〈연합단체인 경우 그 구성원인 노동조합 관련 사항〉

명칭	조합원 수	주된 사무소의 소재지	임원	
			성명	주소

〈2개 이상의 사업 또는 사업장의 근로자로 구성된 단위노동조합의 경우에는 아래의 기재사항을 작성하시기 바랍니다.〉

사업 또는 사업장별 명칭	대표자 성명	소 재 지	조합원수

〈설립신고사항 변경신고 시 작성 사항〉

변경사항	변경 전	변경 후
변경연월일		
변경사유		

[ ] 설립신고
　　　년　　월　　일 본인 외　명은　　에서 노동조합 설립총회를 개최하고 「노동조합 및 노동관계조정법」 제10조제1항 및 같은 법 시행규칙 제2조에 따라 노동조합의 설립을 신고합니다.

　　　　　　　　　　　　　　　　　　　　　　　　　　　　년　　월　　일
　　　　　　　　　　　　　　　신고인(노동조합 대표자)　　　　(서명 또는 인)
　　　　　　　　　　귀하

[ ] 설립신고사항 변경신고
「노동조합 및 노동관계조정법」 제13조제1항 및 같은 법 시행규칙 제3조에 따라 노동조합 설립신고사항 중 변경사항을 신고합니다.

　　　　　　　　　　　　　　　　　　　　　　　　　　　　년　　월　　일
　　　　　　　　　　　　　　　신고인(노동조합 대표자)　　　　(서명 또는 인)
　　　　　　　　　　귀하

첨부서류	설립	규약 1부	수수료 없음
	변경	1. 변경사항을 증명할 수 있는 총회 또는 대의원회의 회의록이나 규약 등의 서류 1부 2. 설립신고증(변경신고증을 발급받은 사실이 있는 경우에는 변경신고증)	

비고: 기재란이 부족한 경우에는 별지에 작성하시기 바랍니다.

210mm×297mm(백상지 80g/㎡)

Q 008 행정관청에서 규약에 문제가 있다고 보완을 하라고 합니다. 어떻게 해야 할까요.

노동조합 설립신고를 하면 신고일부터 3일 이내에 설립신고증이 교부됩니다. 참고로 여기서 3일은 「민원사무처리에 관한 법률」(제19조 제1항)에 따라 8시간의 근무시간을 1일로 계산한 기간입니다.(토요일·공휴일 제외) 그리고 설립신고증을 받게 되면 설립신고서를 접수한 시점에 노동조합이 설립된 것으로 법적인 효력이 발생합니다.

그런데 ① 규약 미첨부 ② 설립신고서나 규약에 기재사항 누락이나 허위사실이 있는 경우 ③ 임원선거 또는 규약 제정절차가 위법한 경우에는 20일 이내의 기간을 정해 보완요구를 합니다.

법에 따른 정당한 보완요구로 판단되면 다시 총회를 열어 규약을 개정하거나 서류를 보완하여 제출하면 됩니다.

보완을 하면 보완서류 접수일부터 3일 이내에 설립신고증이 교부됩니다. 이때도 보완서류 제출일이 아니라 최초 신고서를 접수한 시점에 노동조합이 설립된 것으로 봅니다.

한편 ① 노조법(제2조 제4호)상 노동조합이 아닌 것으로 보는 경우에 해당하거나(노동조합의 실질적 성립요건이 갖춰져 있지 않은 경우) ② 보완요구를 했는데 기한 내 보완을 하지 않는 경우에는 설립신고서를 반려합니다.

복수노동조합 설립이 전면 허용된 현재는 많이 줄었으나 간혹 행정관청이 부당하게 꼬투리를 잡거나 과도한 심사로 신고증 교부를 거부하거나 지연하는 사례도 없지 않습니다. 마치 노동조합 설립을 행정관청의 허가 대상인 양 운영하는 것이죠. 설립신고는 말 그대로 신고라는 사실행위만으로 효력이 발생하는 신고절차입니다. 행정관청의 심사는 법상 서류가 제대로 갖춰져 있는지를 확인하는 형식적 심사에 그쳐야 합니다. 만일 설립신고서가 위법하게 반려됐다고 판단되면 반려처분의 취소를 구하는 행정소송을 제기할 수 있습니다.

한편, 신고증 교부 뒤 설립신고서 반려사유가 발생한 경우 행정관청은 그 노동조합에 시정을 요구하고 기한 내 시정되지 않으면 "노조법에 의한 노동조합으로 보지 아니함"을 통보하도록 되어 있습니다. 설립신고를 하지 않은 것과 동일하게 취급하겠다는 겁니다. 노동조합 탄압수단으로 악용되기도 했던 이 제도는 노조법에 근거규정 없이 노조법 시행령(제9조 제2항)에만 있는 조항이라 위법 논란이 있었습니다. 노동조합의 실질적 성립요건 충족 여부에 대한 판단은 사법기관인 법원이 행하는 것으로 족하지, 행정관청이 노동조합 설립을 사실상 취소해 버리는 해당 규정은 폐지하는 것이 바람직하다는 의견이 많았죠. 결국 전국교직원노동조합 사건에서 최근 대법원은 해당 조항이 법률의 구체적이고 명시적인 위임도 없이 헌법이 보장하는 노동삼권에 대한 본질적인 제한을 규정한 것으로 위법하여 무효라고 판결했습니다.(대법원 2020. 9. 3. 선고 2016두32992 전원합의체 판결)

Q 009 행정관청에 설립신고를 하지 않으면 노동조합으로 활동할 수 없나요.

A 그렇지는 않습니다만 현실적인 제약이 많습니다.

노동조합을 만들 수 있는 단결권은 헌법상 기본권이고, 이를 구체적으로 보장하기 위한 입법인 노조법은 노동조합을 "근로자가 주체가 되어 자주적으로 단결하여 근로조건의 유지·개선 기타 근로자의 경제적·사회적 지위의 향상을 도모함을 목적으로 조직하는 단체 또는 그 연합단체"라고 정의하고 있습니다. 노동조합의 실질적 성립요건인 주체성(노동자가 주체), 자주성(사용자나 외부의 지배·개입 없이 노동자의 자주적 의사결정에 의해 독립적으로 조직·운영), 목적성(근로조건의 유지·개선 및 근로자의 경제적·사회적 지위 향상을 목적으로 함), 단체성(구성원이 2인 이상인 단체)의 요건을 갖춘 조직은 헌법상 단결체로서 노동조합의 지위를 가집니다.

그런데 노조법은 행정관청에 노동조합 설립신고를 하도록 규정하고 있죠. 이것은 헌법상 기본권을 적극적으로 보호해야 할 의무를 가진 국가가 노조법을 통해 일정한 행정서비스를 제공할 대상을 정하는 과정으로 이해하는 것이 타당합니다. 따라서 설립신고를 하지 않은 노동자의 단결체도 노동조합으로서 실질적 성립요건을 갖춘 이상 '헌법상 노동조합'의 권한과 지위를 갖습니다. 이와 구분해 설립신고 절차를 거친 노동조합을 '노조법상 노동조합'으로 부르기도 합니다. 반대로 설립신고증은 받았지만 노동조합으로서 실질적 성립요건을 갖추지 못한 경우에는 법적 실체를 인정받지 못하겠죠.(대법원 1996. 6. 28. 선고 93도855 판결) 예를 들어 사용자의 기획하에 설립·운영되는 이른바 어용노동조합은 노동조합의 실질적 성립요건인 자주성을 상실하여 법적으로도 노동조합이 아닌 것입니다.(서울고등법원 2017. 10. 27. 선고 2016나6950 판결)

설립신고를 하지 않은 이른바 '법외노동조합'에 대해서는 노조법상의 몇 가지 권한이 부여되지 않습니다.

① 노동조합 명칭 사용 ② 법인격 취득 ③ 조세 면제 혜택 ④ 노동위원회 부당노동행위 구제신청·노동쟁의 조정신청·단체협약 해석신청이 그것입니다. 사용자가 단체교섭을 거부해도 부당노동행위 구제신청을 할 수 없습니다. 나아가 노동위원회에 노동쟁의 조정신청도 할 수 없어 쟁의행위를 할 경우 적법성 논란이 발생합니다. 그전에 현실적으로는 사용자나 정부가 노동조합의 실질적 성립요건 자체를 문제제기할 수도 있습니다.

회계부서 직원들이 노동조합에 가입했다고 회사에서 문제제기를 합니다. 이들은 노동조합에 가입할 수 없나요.

그렇지 않습니다.

단순히 회계부서 직원이라는 이유만으로
노동조합 가입 대상이 아닌 자로 볼 수는 없습니다.

노동조합은 노동자들의 조직입니다. 따라서 '사용자'가 가입할 수 없는 것은 물론이고, 노조법은 노동자라 하더라도 "항상 사용자의 이익을 대표하여 행동하는 자"(사용자의 이익대표자)도 노동조합에 가입할 수 없다고 정해 놓았습니다. 노조법(제2조)은 '사업주'와 '사업의 경영담당자' 외에 "그 사업의 근로자에 관한 사항에 대하여 사업주를 위하여 행동하는 자"를 사용자에 포함하고 있습니다. 이는 근로조건의 결정 또는 업무명령·지휘감독과 관련해 사업주에게 일정한 권한을 부여받은 자(직급·직책의 개념)를 말합니다. 이들은 근기법상으로는 근로자, 노조법상으로는 사용자로 분류됩니다.

사용자가 아님에도 노동조합에 가입할 수 없는 '사용자의 이익대표자'(보직 개념)는 근로조건 결정에 직접 참여하는 업무 또는 관련한 사용자의 기밀사항을 취급하는 업무 등을 맡아 그 직무가 노동조합 조합원으로서의 의무와 책임에 직접적으로 저촉되는 위치에 있는 자를 말합니다. 이러한 근로자들이 노동조합에 가입하게 되면 노동조합의 자주성이 훼손될 우려가 있기 때문에 노동조합 가입이 금지되는 것입니다.

그런데 고용노동부는 형식적인 직급·직책을 기준으로 판단하는 경향이 있습니다. 사용자들 역시 그런 관점에서 종종 노동조합에 문제제기를 합니다. 예를 들어 부장급 이상이나 인사·회계부서 직원은 노동조합에 가입할 수 없다는 식이죠. 분명한 것은 이 제도의 입법취지가 노동조합의 자주성을 지키기 위한 것이라는 점입니다. 형식적인 직급·직책을 기준으로 판단해서는 안 됩니다. 실질적으로 그런 권한을 가지고 있어 노동조합 조합원이 되는 경우 노동조합의 자주성을 직접적으로 훼손할 구체적·현실적 우려가 있는지에 따라 판단해야 하며, 무엇보다 그 판단은 당사자인 노동조합이 스스로 해야 할 사안입니다.

참고로 많은 노동조합이 단체협약에 노동조합 가입 대상 범위를 정해 놓는 경우가 있습니다. 노동조합 가입 대상은 노동조합 스스로가 규약으로 정할 사항이며, 사용자와 합의해서 정하는 것은 노동조합의 자주성에 위배되므로 타당하지 않습니다. 법원은 이와 관련해 단체협약상 가입범위 조항은 그 단체협약을 적용할 범위를 정한 것에 불과하고, 노동조합이 그와 달리 가입 대상을 정해 운영하는 것도 가능하다는 입장입니다.(대법원 2003. 12. 26. 선고 2001두10264 판결)

Q 011 노동조합 설립 과정에서 해고된 직원들이 있습니다. 해고 이후에도 조합원 신분이 유지되나요.

A 노조법(제2조)은 근로자가 아닌 자의 가입을 허용하는 경우 노동조합으로 보지 않는다고 규정하고 있습니다. 다만 "해고된 자가 노동위원회에 부당노동행위 구제신청을 한 경우에는 중앙노동위원회의 재심판정이 있을 때까지는 근로자가 아닌 자로 해석하여서는 아니 된다"는 단서를 두고 있습니다.

우선 법에서 사용하는 '근로자' 개념에 대해 정확히 이해할 필요가 있습니다. 근기법은 근로자를 "직업의 종류와 관계없이 임금을 목적으로 사업이나 사업장에 근로를 제공하는 사람"이라고 정의하고 있는 반면 노조법은 "직업의 종류를 불문하고 임금·급료 기타 이에 준하는 수입에 의하여 생활하는 자"라고 규정하고 있습니다. 근기법상 근로자와 노조법상 근로자는 개념이 조금 다릅니다.

근기법은 헌법 제32조에 따라 국가가 정한 최저의 근로조건을 적용할 대상자를 정해 놓은 것이므로 이때 근로자는 현재 취업 중인 것을 요건으로 하게 됩니다. 그런데 노조법은 헌법 제33조에 따라 노동삼권을 보장해 줄 대상자를 정하는 것이므로 현재는 취업 중이 아니더라도 노동삼권을 보장받을 필요가 있는 자는 모두 근로자에 해당합니다. 따라서 실업자나 일시적인 휴직자·해고자·구직자도 노조법상 근로자에 포함되며, 노동조합을 만들거나 노동조합에 가입할 수 있습니다.

해고자도 노동조합에 가입할 수 있는데 위와 같이 해고자에 대해 일정한 제한을 둔 노조법 규정은 뭔가 앞뒤가 맞지 않는 것 같죠? 그렇습니다. 일관성이 없고 문제가 있는 조항입니다. 노동조합을 기업별로만 설립할 수 있도록 강제하는 악법이 존재할 때 만들어진 조항이 초기업별 노동조합을 자유롭게 만들 수 있는 현재까지도 유지되고 있는 것입니다. 그러므로 위 노조법 조항은 기업별 노동조합에만 적용되는 것으로 해석합니다.(대법원 2004. 2. 27. 선고 2001두8568 판결)

정리하면, 초기업별 노동조합에서는 해고자도 항상 조합원 자격이 있습니다.

**기업별 노동조합은 해고자가 부당노동행위 구제신청을 해서
중앙노동위원회 재심판정이 있을 때까지
노조법상 근로자(노동조합 조합원) 자격이 유지됩니다.**

주의할 점은 부당노동행위 구제신청을 한 경우만 해당되며(고소나 소송 제기, 부당해고 구제신청은 제외), 노조법상 근로자 신분(노동조합 사무실 출입, 단체교섭 참여 등 조합원 활동 자격)이 유지되더라도 근기법상 근로자 자격까지 인정되는 것은 아니라는 사실입니다.

덧붙여, 중앙노동위원회에서 부당노동행위가 인정되면 사측의 소송제기에 따라 1·2심 법원에서 부당노동행위가 아니라는 판결이 나더라도 최종적으로 판결이 확정(대법원 판결)되기 전까지는 노조법상 근로자 신분이 유지됩니다. 반대로 중앙노동위원회에서 부당노동행위가 아니라는 판정이 내려지면 그 순간 노조법상 근로자 신분은 상실되고 행정소송을 통해 1·2심 법원에서 부당노동행위가 맞다고 판단이 뒤집히더라도 판결이 확정되기 전까지는 노조법상 근로자 신분이 회복되지 않습니다.

노동조합 조직형태는 자유롭게 정할 수 있습니까.

Q 012

'노동조합 자유설립주의' 원칙(노조법 제5조)에 따라 노동조합의 조직형태, 가입 대상, 명칭 등도 노동자들이 자유롭게 정할 수 있습니다.

조직형태와 관련해서는, 해당 기업 소속 노동자들만 가입 대상으로 하는 기업별 노동조합은 물론 다양한 형태의 초기업별 노동조합을 만들 수 있습니다.

초기업별 노동조합에는 같은 산업에 종사하는 모든 노동자들을 가입 대상으로 하는 산업별 노동조합(전국금속노동조합·전국금융산업노동조합 등), 특정 직종의 노동자들을 가입 대상으로 하는 직종별 노동조합(전국교직원노동조합·전국교수노동조합 등), 해당 지역 노동자들은 모두 가입 대상이 되는 지역별 노동조합(성서공단노동조합·울산지역연대노동조합 등), 가입 대상에 산업·직종·기업 등의 제한을 두지 않는 일반노동조합(희망연대노동조합·서울지역일반노동조합 등) 등이 있습니다.

뿐만 아니라 여성노동자를 가입 대상으로 하는 여성 노동조합(전국여성노동조합 등)이나 그룹 전체 계열사 노동자들을 가입 대상으로 하는 그룹별 노동조합(이랜드노동조합 등), 세대별로 조직된 세대별 노동조합(청년유니온·전국시니어노동조합 등)도 있습니다.

아무런 관련이 없는 A·B·C 세 개 회사 노동자들이 모여 하나의 노동조합(ABC기업노동조합)을 만들 수도 있습니다.

노동조합 가입 대상 역시 특정 직군 또는 직급, 사업장, 부서로 제한하거나 정규직만 또는 비정규직만 가입 대상으로 할 수도 있습니다.

노동조합 명칭 역시 자유롭게 정할 수 있습니다.

기업별 노동조합이라고 해서 반드시 그 기업 이름이 노동조합 명칭에 들어가야 하는 것도 아닙니다. 초기업별 노동조합의 경우에도 해당 산업이나 직종, 지역이 노동조합 명칭에 들어가지 않아도 됩니다. 다만 해당 산업·직종·지역·기업 등의 명칭이 들어가면 노동조합의 조직형태나 가입 대상 범위 등을 한눈에 표현할 수 있는 장점은 있습니다.

반대로, 실질적인 사용자와의 관계 등을 고려하여 오히려 회사 이름을 꼭 넣어야 할 경우도 있겠죠. 주로 해고자나 하청업체 노동자들로 구성된 '삼성일반노동조합', '삼성중공업일반노동조합', '아시아나항공분회' 등입니다. 해당 기업이 자기 회사 명칭을 사용하는 것에 이의를 제기한 경우도 있었으나 법원은 문제가 없다고 판결했습니다.

Q 013

산별노조, 산별노조 하는데
도대체 산별노조가 뭔가요.

A 산별노조는 초기업별 노동조합의 대표적인 한 형태입니다. 당해 산업에 종사하는 모든 노동자들을 가입 대상으로 하는 산업별 노동조합을 줄여 부르는 이름입니다.

노동조합의 조직형태는 각국의 자본주의 전개 과정 또는 자본축적의 진전에 따른 산업구조와 노동력 구성, 노동시장 구조, 회사의 노사관계, 정치적·제도적 상황 등과 같은 객관적 요인과 노동운동의 역사, 노동조합운동의 이념·노선 등의 상호작용에 의해 결정됩니다. 이러한 요인들이 복합적으로 작용한 결과 한국·일본·미국 등에서는 기업별 노동조합이 주류를 이루게 되었습니다.

반면, 우리보다 오랜 노동조합 역사를 가진 서구에서는 산업별 노동조합이 보편적인 노동조합의 형태입니다. 단체교섭 역시 산업별 노동조합이 산업별 사용자단체와 진행하고 당해 산업 전체 노동자에게 적용하는 산업별 단체협약을 체결합니다. 산업별 단체협약이 해당 산업 전체 노동자들의 노동조건을 정한 일종의 법처럼 기능하는 것이죠. 그러다 보니 대개 노동조합에 가입한 노동자 비율보다 단체협약 적용을 받는 노동자 비율이 더 높습니다.

서구에서 노동조합은 기본적으로 회사 밖에 존재하는 단체라는 인식이 강합니다. 역사상 최초의 노동조합은 특정 지역에서 같은 직종에 종사하는 숙련공들이 공동의 이해관계를 추구하고 상호 공제를 위해 만든 직종별 조합이었습니다. 이후 산업기술이 발전하면서 숙련도의 중요성이 낮아지고 직종에 상관없이 변화된 산업구분에 기초한 산업별 노동조합이 가장 표준적인 노동조합 조직형태로 자리를 잡았습니다.

**노동자들은 개인별로 산업별 노동조합에 가입하고,
산업별 노동조합은 개별 기업의 이해관계를 뛰어넘어
전체 노동자들의 권익 보호 및 신장을 위해 활동하는 것이죠.**

산업별 노동조합 자체가 하나의 단일노동조합입니다. 설령 개별 기업과 단체교섭을 하더라도 교섭권과 단체협약 체결권은 기업별 지부(지부장)가 아니라 산업별 노동조합(위원장)에 있습니다. 교섭권과 파업권을 단일화하고 재정과 인력을 중앙으로 집중해 노동조합의 힘과 영향력을 배가하는 장점이 있다는 평가를 받기도 합니다.

우리나라 노동조합들 역시 대개 산업별 노동조합을 지향하는 조직노선을 채택해 왔고 현재 많은 수의 산업별 노동조합이 설립돼 있습니다. 다만 오랜 기간 기업별 노동조합으로 존재해 왔던 역사와 산업별 노동조합으로의 발전을 가로막는 법·제도상 문제 등으로 인해 제대로 된 산업별 노동조합이 아직 정착되지 못하고 있는 상황입니다. 한편으로는 역사가 다른 서구식 산업별 노동조합 체계가 우리에게 맞는 것인가 하는 문제제기와 논란도 없지는 않습니다.

노동조합은 산하에 지부·지회·분회 등의 내부기구를 두고 있습니다. 전국 단위 산업별 노동조합의 경우 지역별로 지부를 구성하기도 하나 대부분은 기업별로 지부(지회·분회 등)를 두고 있습니다. 초기업별 노동조합에 가입하는 경우 같은 회사 노동자들끼리 기업별 지부를 구성하고, 해당 기업을 상대로 한 노동조합 활동은 지부별로 할 수 있습니다.

참고로 노조법 시행령(제7조)은 기업별 지부·분회도 명칭에 상관없이 노동조합 설립신고를 할 수 있다고 정하고 있습니다. 노조법상 노동조합 내에 노조법상 노동조합 지위를 가진 내부기구가 있을 수 있다는 것입니다. 이 조항은 기업별 노동조합 체계가 노동조합 조직형태의 기본이라는 인식을 전제로 한 것으로서, 진정한 의미의 산업별 노동조합 체계 정립을 가로막는 기능을 하고 있다고 평가되기도 합니다.

Q 014 상급단체가 없다 보니 회사가 노동조합을 만만하게 봅니다. 상급단체에 가입해야 할까요.

연대를 통한 활동력 배가와 전문성 확보를 위해
상급단체에 가입하는 것이 좋습니다.

　　노조법은 노동조합 조직형태와 관련해 '단위노동조합'과 '연합단체인 노동조합'이라는 구분만 두고 있습니다. '연합단체인 노동조합'은 "동종산업의 단위노동조합을 구성원으로 하는 산업별 연합단체"와 "산업별 연합단체 또는 전국 규모의 산업별 단위노동조합을 구성원으로 하는 총연합단체"로 나뉩니다. 즉 하나의 노동조합이 단위노동조합(A노동조합)이고 그러한 단위노동조합으로 구성된 노동조합연맹이 산업별 연합단체(B산업노동조합연맹)입니다. 이러한 산업별 연합단체 등을 구성원으로 하는 총연맹이 총연합단체(C노동조합총연맹)입니다. 참고로 노조법은 연합단체인 노동조합을 산업별로만 표현하고 있으나 연합단체가 꼭 산업별로 구성돼야 한다고 제한하고 있는 것은 아닙니다.
　　연합단체인 노동조합 역시 노동조합이므로 연맹·총연맹의 경우에도 설립신고를 하고 노조법상 노동조합으로서 활동을 합니다.
　　노조법에서 말하는 '연합단체인 노동조합'을 현장에서는 흔히 '상급단체'라고 부릅니다. 기업별 지부 입장에서 초기업별 노동조합을 '상급단체'라고 표현하는 경우가 있는데 이는 잘못된 표현입니다. 현장에서는 일반적으로 '본조'라고 부르는데 이것이 더 적절한 표현이라 하겠습니다.

노조법 시행령(제8조)에 따르면 상급단체는 구성원인 단위노동조합을 협조·지원 또는 지도할 수 있습니다. 실제로 상급단체들은 오랜 역사를 통한 경험과 전문적 역량을 기반으로 소속 노동조합들에 대한 각종 지도·지원 활동을 하고 있고, 역으로 단위노동조합들 또한 같은 상급단체 소속 노동조합들과 연대해 더 큰 힘을 발휘하고 있기도 합니다. 특히 경험과 역량이 부족한 신규 노동조합이라면 더욱 상급단체에 가입하는 것이 바람직하다고 판단됩니다.

우리나라에는 현재 전국 단위 총연합단체로 전국민주노동조합총연맹(민주노총)과 한국노동조합총연맹(한국노총)이 있습니다. 양대 노총에 소속된 조합원 수는 2020년 7월 현재 약 200만명입니다.

Q 015

기업별 노동조합에서 산업별 노동조합 지부로 전환하려고 합니다. 어떤 절차를 거쳐야 하나요.

 기업별 노동조합이 산업별 노동조합의 지부로 전환하는 방식은 세 가지가 있습니다. 노동조합 해산 뒤 개별적으로 산업별 노동조합에 가입하거나(동시에 산업별 노동조합 내에 기업별 지부 구성), 기업별 노동조합과 산업별 노동조합이 합병하거나(합병 후 산업별 노동조합의 기업별 지부로 편제), 기업별 노동조합이 산업별 노동조합의 지부로 조직형태변경을 결의하는 것(동시에 산업별 노동조합에서 지부 인준)입니다.

해산 뒤 개별 가입 방식은 조합원들이 다시 가입원서를 내야 하는 번거로움이 있는 데다 모두 내도록 강제하기도 어렵고, 무엇보다 단체협약을 포함해 기존 노동조합의 권리·의무가 승계되지 않는다는 문제가 있습니다. 합병 방식은 기존 권리·의무 및 조합원들이 포괄적으로 승계되는 장점은 있으나 두 노동조합 모두 총회 또는 대의원회에서 의결절차를 거쳐야 합니다. 대등한 합병이 아니라면(조합원이 수십 명 대 수만 명인 경우) 현실적이지 않은 측면이 존재합니다. 따라서 조직형태변경 방식을 가장 많이 사용합니다.

노동조합이 '실질적 동일성'을 유지하면서 조직형태를 변경하는 것을 노조법은 '노동조합의 조직형태변경'이라고 합니다. 여기서 실질적 동일성은 조직형태변경의 목적, 변경 전후 조직체계, 구성원 범위, 소속 상급단체 등을 가지고 판단할 수 있습니다. 실질적 동일성이 유지되는 조직형태변경으로 인정되면, 기존 노동조합의 모든 권리·의무가 변경 이후 조직으로 승계됩니다. 기존 조합원들의 지위는 다시 가입원서를 제출하는 등 별도 절차 없이 조직형태변경에 반대한 조합원들도 포함해 포괄적으로 승계됩니다. 사용자와 체결한 단체협약도 마찬가지입니다.

기업별 노동조합은 총회 또는 대의원회에서 조직형태변경을 결의하고, 산업별 노동조합은 내부 절차에 따라 기업별 지부로 인준하면 됩니다.

참고로 조직형태변경은 노조법상 특별결의 대상이므로 재적 조합원 과반수 출석에 출석 조합원 3분의 2 이상의 찬성이 필요합니다.

이후 행정관청에 노동조합 설립신고사항 변경신고(명칭 변경)를 해서 노조법상 노동조합 지위를 계속 유지할 수도 있습니다. 그러나 단위노동조합의 산하기구가 또 다른 노조법상 노동조합으로서 법적 지위를 가지는 것은 바람직하지 않습니다. 근래 행정관청에서는 이런 경우 대개 해산처리를 하고 있습니다. 해산처리는 내용상 조직형태변경에 따른 것이므로 기존 권리·의무 승계에 영향을 미치지 않습니다.

그러면 역으로, 산업별 노동조합의 기업별 지부가 자체 총회 또는 대의원회에서의 의결을 통해 기업별 노동조합으로 전환할 수 있을까요? 오랜 논란이 있었던 이 사안에 대해 현재 대법원은 가능하다는 입장입니다.

대법원은 2016년 전원합의체 판결을 통해 기업별 지부가 독자적인 규약과 집행기관을 가지고 독립한 단체로서 활동하면서 독자적인 단체교섭 및 단체협약 체결 능력이 있어 기업별 노동조합에 준하는 경우뿐만 아니라 그렇지 않더라도 '법인 아닌 사단'의 실질을 가지고 있어 기업별 노동조합과 유사한 근로자단체로서 독립성이 인정되는 경우에도 기업별 노동조합으로 전환할 수 있다고 정리하였습니다.(대법원 2016. 2. 19. 선고 2012다96120 전원합의체 판결)

그러나 하나의 노동조합은 조직형태를 불문하고 일체로서의 조직이므로 내부

기구에 불과한 지부에 노조법상 노동조합의 권한인 조직형태변경권을 인정해 줄 수 없다는 반론도 제기됩니다. 무엇보다 대법원이 노동조합 조직형태에 대해 기업별 노동조합 인식을 넘어서지 못하고 있는 것이 아니냐는 비판이기도 합니다.

두 개 노동조합을 통합하려 합니다. 어떤 절차를 밟아야 하나요.

2개 이상의 노동조합이 하나의 노동조합이 되는 것을 합병이라고 합니다. 합병 당사자 노동조합 일방만이 해소되는 흡수합병(A+B→B)과 당사자 노동조합 모두가 해소되는 신설합병(A+B→C)이 있습니다.

합병하는 경우 각 노동조합이 규약에서 정한 바에 따라 총회 또는 대의원회에서 특별결의방식(재적 과반수 출석에 출석 3분의 2 이상 찬성)으로 합병을 의결해야 합니다.

노동조합이 합병하는 경우에는 기존 노동조합의 권리·의무가 신설 또는 흡수하는 노동조합에 포괄적으로 승계됩니다. 합병에 반대한 조합원들도 본인의 의사와 무관하게 합병된 노동조합에 승계되며 단체협약도 마찬가지입니다. 앞서 본 조직형태변경과 동일합니다.

신설합병의 경우 기존 노동조합들은 총회 또는 대의원회에서 합병결의를 하고 신설되는 노동조합은 설립총회를 한 다음 행정관청에 설립신고를 하면 됩니다. 이때 설립총회는 편의상 조합원 전원이 아니라 기존 노동조합의 임원 및 간부들만 모여 발기인대회 형식으로 개최해도 됩니다. 흡수되거나 해소되는 노동조합은 행정관청에 해산신고를 해야 하는데, 혹시 권리·의무관계 승계가 한시적으로는 문제가 될 경우 일단 합병결의와 함께 조직형태변경결의를 하고 노동조합 설립신고사항 변경신고(위의 경우 A노동조합을 C노동조합 A지부로 명칭 변경)를 할 수도 있습니다.

반면, 총회 또는 대의원회의 결의를 거쳐 하나의 노동조합을 두 개 이상으로 나누는 것을 노동조합의 분할이라고 합니다. 일부 조합원들이 집단적으로 탈퇴하는 이른바 분열과는 다른 개념이죠.

노동조합 분할 역시 총회 또는 대의원회의 결의가 필요합니다.

분할 또한 노조법상 특별결의 대상이므로 재적 조합원 과반수 출석에 출석 조합원 3분의 2 이상의 찬성으로 의결해야 합니다. 분할되는 노동조합에 승계될 권리·의무관계 등을 함께 결정하면 그 결정에 따른 효력이 발생합니다. 불필요한 갈등이나 분쟁의 소지가 없도록 이 부분을 잘 조율해서 결정해야 하겠습니다.

기존 노동조합은 소멸하고 새로운 2개 이상의 노동조합으로 분할할 경우 기존 노동조합은 행정관청에 해산신고를, 신설되는 노동조합들은 설립신고를 하면 됩니다.

한편 초기업별 노동조합 내 하나의 지부가 2개 이상으로 나뉘거나 2개 이상의 지부가 하나로 통합하는 경우는 초기업별 노동조합 내부 편제의 개편일 뿐이지 엄밀한 의미에서 노동조합의 분할이나 합병이 아닙니다. 초기업별 노동조합의 규약 및 방침에 따라 자체적으로 결정하면 됩니다.

Q 017

다수의 조합원들이 노동조합을 탈퇴했습니다. 노동조합 재산 분할을 청구할 수 있나요.

A 탈퇴한 조합원들은
노동조합 재산에 대한 권리를 주장할 수 없습니다.

우선 노동조합의 재산관계부터 살펴보겠습니다. 노동조합의 재산은 조합원 전체의 소유입니다. 이를 총유(總有)라고 하는데요. 총유란 공동소유의 한 형태이지만 공유(共有)와는 달리 구성원 개인에게는 원칙적으로 지분이나 분할 및 처분의 권한이 주어지지 않는 것입니다.

다만 규약에 따라 일정한 지분이나 분할 청구 대상을 정할 수는 있습니다. 예를 들어 노동조합 특별기금을 집행한 후 남았을 때 조합원들에게 균등하게 또는 납부한 금액의 비율에 따라 반환한다는 등의 결정을 할 수 있죠. 그런데 꼭 그렇게 해야 하는 노동조합의 의무나 조합원들의 권리가 있는 것은 아닙니다.

이상 설명한 내용은 법인이 아닌 노동조합의 재산관계입니다. 법인격을 취득한 노동조합의 경우에는 이와 달리 노동조합의 재산은 노동조합 자체의 단독소유로서 조합원들의 공동소유가 아닙니다.

한편 노동조합을 탈퇴하는 경우에는 노동조합 조합원 지위와 권한을 잃는 것이기 때문에 재산관계뿐만 아니라 조합원으로서 어떠한 권리도 주장할 수 없습니다. 탈퇴자 수가 아무리 많더라도 마찬가지입니다. 다시 말해 집단적으로 탈퇴하더라도 그것은 총회 또는 대의원회 의결을 거친 노동조합 분할이 아닙니다. 예를 들면 조합원 100명인 노동조합에서 98명이 새로운 노동조합을 만들 목적으로 또는 다른 노동조합에 가입하기 위해 탈퇴하더라도 노동조합의 모든 권리는 남은 2명을 구성원으로 하는 노동조합에 있습니다.

노동조합이
세상을 바꿉니다!

CHAPTER 2
노동조합 운영

노동조합 운영과 활동, 노동법대로만 하면 문제없겠죠.

018

노동법은 노동자들의 노동조건과 노동조합 활동에 일정한 기준이 됩니다. 따라서 법을 정확히 알고 법에 따른 활동을 해야 하겠습니다.

**그러나 노동법이 노동조건이나 노동조합 활동의
한계를 정해 둔 것이라고 이해하면 곤란합니다.**

노동법이 노동자를 보호한다고 하지만 실제로는 정당한 권리보장 내용을 충실히 담고 있지는 않습니다. 헌법상 노동삼권을 구체적으로 보장하기 위한 법률인 노조법에 사용자보다 노동자를 처벌하는 규정이 훨씬 더 많은 것을 보더라도 그 실상을 알 수 있습니다.

노동법은 선배 노동자들이 희생을 감수하면서 투쟁을 통해 불법을 합법으로 전환시켜 온 결과물입니다. 당시에는 불법이었던 행위들이 긴 역사를 통해 보면 노동자들의 자유와 권익을 신장하는 데 큰 기여를 했습니다. 물론 법을 어겨도 된다는 말은 아닙니다. 현실적으로 노동조합의 위법행위는 불필요한 역공을 불러오기 십상이고 이는 조합원들을 위축시켜 단결력을 저해할 수 있으므로 각별히 조심해야 합니다. 그렇다고 악법에 발목이 잡히거나 애매한 법 규정하에서 지나치게 법에 의존하면 노동조합으로서 제대로 된 역할을 할 수 없습니다.

헌법상 기본권인 단결권은 노동자들이 단결해야 한다는 진리를, 단결된 조직력이 노동자들의 권리보호와 권익신장을 위한 유일한 무기라는 것을 알려 주는 근거입니다. 노동조합 운영과 활동 과정에서 가장 중요한 것은 단결력과 조직력에 있다는 것을 명심해야 합니다.

노사관계와 노동조합 운영도 같은 맥락으로 풀이할 수 있습니다. 노조법의 기본원리는 '노사자치주의'와 '조합민주주의'입니다. 노사가 각고의 교섭을 통해 합의한 자치의 내용들은 다소간 위법소지가 있다 해도 그 자체로 일단 존중돼야 하며, 노조법의 형식적인 규정에 경직되게 얽매이기보다는 조합민주주의를 얼마나 잘 구현할 것인가를 중심에 두고 노동조합을 운영해야 합니다.

또한 노동조합은 자기 조합원의 이해만 대변하는 조직이어서는 안 됩니다. 노동자 개개인이 단결해 노동조합으로 뭉치듯, 전체 노동자의 경제적·사회적 지위 향상을 위해서는 전체 노동자들이 단결해야 합니다. 이것이 연대입니다. 당장은 비정규직 문제가 내 일이 아닌 것 같지만 그 칼날이 결국은 정규직을 향하게 됩니다. 옆 사업장 노동조합의 투쟁이 우리와는 상관없어 보이지만 그 노동조합이 무너지면 우리 노동조합의 활동에도 영향을 미칩니다. 노동자의 삶에 큰 영향을 주는 법·제도 개선을 위해서는 전국의 노동조합이 함께 투쟁해야 합니다.

노동조합은 투쟁하는 것을 두려워하지 않아야 합니다.

헌법이 단체행동권을 보장한 배경에는 노동자 권익신장을 위해 집단적인 투쟁이 불가피하다는 인식이 자리 잡고 있습니다. 따라서 투쟁성은 노동조합의 기본적인 속성입니다. 투쟁 없이 사용자의 사소한 양보가 큰 성과물인 양 포장하는 노동조합은 조합원의 단결력이 아니라 조합원을 관리·통제하는 것으로 교섭력을 담보하는 관료제 조직이 될 수 있습니다. 그런 조직은 갈수록 사용자의 사소한 양보조차 받아 내기 어려워질 것입니다.

  투쟁에는 많은 어려움이 따릅니다. 최선을 다해 싸웠지만 성과물이 없을 수도 있습니다. 그러나 필요하면 투쟁할 수 있다는 의지를 가지고 활동하는 노동조합과 투쟁을 기피하는 노동조합은 그 활동양상이 다를 수밖에 없습니다. 노동조합의 힘은 조합원들의 단결과 조직력, 이를 바탕으로 한 투쟁정신에 있다는 것을 잊지 말아야 합니다.

Q 019
노동조합에 가입하겠다는 신청이 줄을 잇고 있습니다. 가입 대상자를 선별해서 가입시키고 싶은데요.

노동조합 규약상 가입 대상자임에도 정당한 사유 없이 선별하는 것은 위법합니다.

일단 노동조합 가입 대상 범위는 노동조합이 스스로 정해 제한할 수 있습니다. 사무직만으로 한다거나 일정 직급 이하 또는 특정 사업장 소속 노동자, 정규직 또는 비정규직만을 대상으로 하는 등 가입 대상 범위를 자율적으로 정할 수 있습니다. 그러나 '노동조합 자유설립(가입)주의' 원칙에 따라 가입 대상 범위에 있는 노동자라면 누구나 그 노동조합에 자유롭게 가입할 수 있습니다.

간혹 노동조합 위원장이 가입승인을 하거나 운영위원회 같은 노동조합 내부기구에서 심사를 거쳐 가입승인을 하는 경우도 있습니다. 그런 제도 자체가 위법하지는 않습니다. 하지만 그 승인절차는 형식적인 것에 그쳐야 하며, 과도한 심사 및 허가방식으로 운영되는 경우에는 노동조합 자유설립(가입)주의에 위배되는 권리남용이므로 위법합니다.(대법원 1996. 10. 29. 선고 96다28899 판결)

노동조합이 정당한 사유 없이 가입승인을 해 주지 않는 경우 법적으로는 노동자가 제출한 가입원서가 노동조합에 도달한 때에 조합원 자격을 취득한 것으로 해석합니다. 다만 그동안 노동조합 활동에 대한 방해 행위를 했고(이른바 반조합

행위자) 제명될 정도의 구체적이고 명백한 사유가 있는 노동자라면 가입을 거부할 수 있습니다.

반조합행위로 제명된 조합원이 다시 가입을 희망하는 경우에도 적정한 절차를 두고 가입을 제한할 수 있습니다. 당사자의 반성 및 이후 노동조합 활동에 대한 결의를 소명하는 절차를 두거나 합리적인 재가입 제한기간을 설정하는 것도 가능합니다.

그러면 다른 노동조합 조합원이 우리 노동조합에 가입하겠다고 신청한 경우 거부할 수 있을까요? 일단 노동자는 여러 개 노동조합에 중복해서 가입할 수 있습니다. 다만 가입 대상 범위는 노동조합이 자율적으로 정하는 것이므로 규약을 통해 다른 노동조합의 조합원인 노동자를 가입 대상에서 제외하는 것도 가능합니다. 그런 규약을 뒀다면 이미 다른 노동조합에 가입돼 있는 노동자의 가입을 거부할 수 있습니다. 이 경우 다른 노동조합에 가입한 조합원을 제명할 수도 있다고 판단됩니다. 다만 이에 대해 직접적으로 해석을 내린 대법원 판결은 아직 없습니다.

노동조합 탈퇴 역시 마찬가지입니다. 노동조합 자유설립(가입)주의에는 탈퇴의 자유도 포함됩니다. 노동조합 규약에 따른 탈퇴절차(규약상 탈퇴서 양식 제출, 노동조합 대표자 승인 등)를 두되 특별한 사정이 없는데도 탈퇴승인을 거부하거나 지연하는 경우에는 역시 노동조합에 탈퇴서가 도달한 때에 법적으로 탈퇴 효력이 발생합니다.

Q 020 노동조합 조합원이 갖는 권리와 의무를 설명해 주세요.

A 조합원은 노동조합의 주인입니다.

노조법(제22조)은 "노동조합의 조합원은 균등하게 그 노동조합의 모든 문제에 참여할 권리와 의무를 가진다"고 규정하고 있습니다. 이런 법이 없더라도 민주적인 조직이라면 반드시 실천해야 할 원칙이겠습니다. 노동조합은 조합원 한 명 한 명이 주인으로서 활동할 수 있도록 최선의 노력을 다해야 합니다. 조합원을 주인으로 만들기 위해서는 민주적으로 노동조합을 운영하는 것이 기본입니다. 그래야만 노동조합의 힘인 단결력과 조직력을 갖출 수 있습니다.

노동조합은 조합원들의 적극적인 참여를 위해 우선 알 권리를 보장해야 합니다. 노동조합 규약·규정 및 단체협약 정도는 조합원에게 나눠 주고 교육도 할 필요가 있습니다. 각종 회의록과 재정장부를 상시 비치해 조합원이 원하면 언제든지 열람할 수 있도록 해야 합니다. 단체교섭을 비롯한 노동조합의 주요 현안을 다룰 때는 조합원들의 의견을 수렴하기 위해 애써야 하고 진행 과정을 신속하고 구체적으로 알려야 하겠습니다.

조합원은 총회를 포함한 노동조합의 각종 기구에 참여할 권리가 있고 임원 등에 대한 선거권과 피선거권을 가집니다.

노조법은 임원 선출과 탄핵뿐만 아니라 규약 제·개정, 쟁의행위 결의, 예·결산 심의, 상급단체 가입 및 탈퇴, 노동조합 조직형태변경 등을 전체 조합원 참여하에 결정하도록 규정하고 있습니다. 법에 명시된 사항이 아니더라도 중요한 사안이라면 조합원 전체 의사를 반영해 결정하는 것이 바람직합니다.

노조법(제9조)은 노동조합 조합원에 대해 인종·종교·성별·연령·신체적 조건·고용형태·정당 또는 신분에 의한 차별대우를 금지하고 있습니다. 다만 급여에 따라 조합비 액수를 달리하거나 근무형태가 현저히 다른 관계로 상이한 내용의 단체협약을 체결하는 것은 차별이라고 보기 힘들 것입니다.

한편 조합원은 조합비 납부의무를 가집니다. 조합비를 납부하지 않으면 선거권과 피선거권 등의 권리를 제한받을 수 있습니다.

**조합원은 노동조합 규약은 물론이고
노동조합의 결정·방침을 따라야 할 의무가 있습니다.**

노동조합 규약과 결의를 위반하는 경우에도 일정하게 권리가 제한되거나 징계를 받을 수 있습니다. 다만 조합원의 권리를 제한하는 것은 중요한 사안이므로 권리제한의 구체적 대상과 절차 및 내용은 규약으로 정해 놓고 그에 따라 운영하는 것이 바람직합니다. 이는 조합원 권리를 보호하는 취지뿐만 아니라 제재조치에 반발하는 조합원으로 인해 불필요한 분쟁이 발생하는 것을 예방하는 의미도 있습니다.

규약을 정비하고 싶은데요.
규약에는 어떤 내용을 담아야 합니까.

노조법(제11조)은 다음과 같은 사항을 반드시 규약에 기재하도록 명시하고 있습니다.

① 명칭
② 목적과 사업
③ 주된 사무소의 소재지
④ 조합원에 관한 사항(연합단체인 노동조합은 그 구성단체에 관한 사항)
⑤ 소속된 연합단체가 있는 경우에는 그 명칭
⑥ 대의원회를 두는 경우에는 대의원회에 관한 사항
⑦ 회의에 관한 사항
⑧ 대표자와 임원에 관한 사항
⑨ 조합비 기타 회계에 관한 사항
⑩ 규약변경에 관한 사항
⑪ 해산에 관한 사항
⑫ 쟁의행위와 관련된 찬반투표 결과 공개,
   투표자 명부 및 투표용지 등의 보존·열람에 관한 사항
⑬ 대표자와 임원의 규약위반에 대한 탄핵에 관한 사항
⑭ 임원 및 대의원의 선거절차에 관한 사항
⑮ 규율과 통제에 관한 사항

규약은 노동조합의 자치규범입니다. 규약은 순위에 따라 규약·규정·규칙·세칙 등으로 구분해 만들기도 합니다. 세세한 내용까지 규약에 담기 어렵거나 적절하지 않기 때문에 특정사항에 관한 별도의 하위 규범을 두는 것이죠. 하위 규범은 상위 규범에 위반돼서는 안 됩니다.

가급적이면 하위 규범 제정근거를 상위 규범에 두는 것이 좋습니다. 예를 들어 "임원은 조합원의 직접·비밀·무기명 투표로 조합원 과반수 찬성을 얻은 자를 선출한다"는 임원선출 원칙은 규약에 담되, "임원선출에 관한 구체적인 사항은 선거관리규정에 따른다"는 정도의 근거규정을 규약에 두고 선거관리규정을 만들어 구체적인 선출절차를 정하면 됩니다.

**규약은 노동조합 운영의 기준이 되는 중요한 규범이므로
조합원들의 총의에 따라 내용을 마련해야 합니다.**

노조법(제16조 제1항)은 규약을 만들거나 변경할 경우 총회에서 의결하도록 규정하고 있습니다. 대의원회가 총회 기능을 갈음할 수 있도록 규약에 정해 놓았다면 대의원회에서 규약을 제·개정하는 것도 가능합니다. 규약의 제정과 변경은 이렇듯 대단히 중요한 사안입니다. 노조법(제16조 제2항, 제4항)은 조합원 과반수 출석에 출석 조합원 3분의 2 이상 찬성으로 의결하고 찬반의사는 직접·비밀·무기명 투표로 확인하도록 명시하고 있습니다.

이와 관련해 노조법(제21조)은 규약에 노동법을 위반하는 내용이 있는 경우 행정관청이 노동위원회 의결을 얻어 노동조합에 시정명령을 할 수 있도록 규정하고 있습니다. 노동조합 자치규범인 규약에 대한 행정관청의 과도한 개입을 허용하는 제도로 지적됩니다. 실제로는 거의 행해지지 않지만 간혹 노동조합 탄압수단으로 사용되는 문제점이 있기도 합니다.

규약 해석에 관한 다툼이 있습니다. 어떻게 해야 할까요.

Q 022

중요한 사안을 의결할 때 회의절차를 둘러싸고 또는 임원선거에서 구체적 선거절차와 관련해 규약·규정 해석을 둘러싼 이견이 발생하는 사례가 종종 있습니다. 이견이 확대돼 조직 내 갈등과 분란으로 번지기도 합니다.

중요한 것은 규약은 노동조합 스스로 만든 규범이라는 사실입니다.

규약 해석에 관한 다툼이 발생했을 때 노동조합 스스로 내리는 해석을 무엇보다 존중해야 합니다. 구체적인 해석방법은 이렇습니다. 일단 규약에 표시된 문언과 문구에 충실한 해석을 해야겠죠. 그러나 문구만으로는 개관적인 의미를 명확히 파악하기 힘들다면 문언의 형식과 내용, 다른 규정과의 관계, 그 규정이 만들어진 목적과 배경 및 과정, 노동조합이 그 규정으로 얻고자 하는 목적 등을 종합적으로 살펴서 노동조합의 민주적·자주적 운영이라는 대원칙을 훼손하지 않으면서도 일반적인 상식과 통념에 부합하도록 합리적인 해석을 해야 합니다.

여기서 중요한 것은 그 규정이 만들어진 목적 및 배경과 과정입니다.

규약을 개정할 때 총회 또는 대의원회 자료집과 회의록에 개정 취지와 과정을 정확하게 기록해 둘 필요가 있습니다. 그래야 사후 불필요한 논란을 예방할 수 있겠죠. 아울러 개정된 조문은 규약에 개정일자를 명기하는 것이 좋습니다.

그리고 규약 해석에 관한 다툼이 있을 경우를 대비해 "규약의 해석에 관해 다툼이 있을 경우 노동조합 운영위원회의 해석에 따른다"는 식으로 규약 해석권을 가진 기구를 정해 둘 필요가 있습니다.

한편 노동조합 규약을 법조문처럼 어려운 용어와 딱딱하고 축약된 문체로 작성하는 경우가 많습니다. 구구절절하게 작성하는 것 역시 바람직하지는 않겠죠. 규약을 간략하게 쓰면 해석상 다툼이 발생할 소지가 있거나 특별한 제정 취지가 있어 배경설명이 필요한 경우에 한해 그 내용을 풀어 작성하면 됩니다. 일반적인 조문 형식에 다소 어울리지 않더라도 상관없습니다. 형식적인 측면에서 봤을 때 가장 좋은 규정은 어려운 용어를 잔뜩 쓰고 뭔가 그럴듯해 보이는 문체로 작성한 규정이 아닙니다.

누가 봐도 보기 좋고 읽기 편하고 이해하기 쉬운 규정이 좋은 규정이라 하겠습니다.

Q 023 조합원이 많아 한자리에 모이기 어렵습니다. 조합원 총회를 꼭 1년에 1회 이상 열어야 하나요.

A 노조법(제15조)은 매년 1회 이상 조합원 총회를 개최하도록 규정하고 있습니다.

물론 개최하지 않았다고 처벌을 받지는 않습니다. 그러나 노동조합은 조합원들의 총의에 따라 민주적으로 운영되는 조직이므로 연 1회 이상 총회 개최는 꼭 필요하다고 판단됩니다.

조합원 규모를 고려해서 크게 어렵지 않다면 연 2회(상반기·하반기) 정기총회를 여는 게 좋고, 전체 조합원들의 총의를 모아야 할 중요한 사항이 있다면 수시로 임시총회를 소집해 함께 머리를 맞대면서 사안을 공유하고 논의하는 것도 바람직합니다.

그런데 총회라고 해서
반드시 한자리에 모이는 집회 방식이어야 하는 것은 아닙니다.

전체 조합원이 각 지역 또는 사업장에서 투표를 하는 총투표 방식의 총회 개최도 가능합니다.

총회는 전체 조합원이 모두 참가하는 회의이므로 노동조합의 최고의사결정기구입니다. 노동조합 운영·활동과 관련한 모든 안건을 다룰 수 있습니다. 노동조합 대표자가 총회 의장이 되며, 총회 소집 역시 원칙적으로 노동조합 대표자만이 할 수 있습니다.

노조법(제16조)은 ① 규약의 제정과 변경에 관한 사항 ② 임원의 선거와 해임에 관한 사항 ③ 단체협약에 관한 사항 ④ 예산·결산에 관한 사항 ⑤ 기금의 설치·관리 또는 처분에 관한 사항 ⑥ 연합단체의 설립·가입 또는 탈퇴에 관한 사항 ⑦ 합병·분할 또는 해산에 관한 사항 ⑧ 조직형태의 변경에 관한 사항 ⑨ 기타 중요한 사항을 총회에서 의결하도록 규정하고 있습니다.(대의원회가 총회를 갈음할 수 있도록 규약에서 정한 경우에는 대의원회에서 의결 가능)

참고로 노동조합의 내부기구에 불과한 지부(지회·분회 등)는 독자적인 노동조합 설립신고를 하지 않은 한 노조법상 노동조합이 아니므로 노조법상 총회(대의원회) 관련 규정이 적용되지 않습니다. 지부(지회·분회 등)의 총회(대의원회) 기능, 소집절차, 의사정족수 및 의결정족수, 의결방식은 노조법이 아니라 자체 규약·규정에 따라 운영하면 됩니다.(1989. 5. 15. 노조 01254-7034)

> ▶ 온라인회의, 모바일투표 등
> - 코로나19 등 상황으로 대면 회의 개최가 어려운 경우 규약·규정에서 금지하고 있지 않다면 온라인회의 개최나 모바일투표, ARS투표를 통한 의결도 가능.(특별한 경우 비대면 회의가 가능하다는 것과 그 방법을 회의규정에 명시해 논란 방지 필요)
> - 온라인회의 : 여러 장소로 분산해서 화상시스템으로 연결하는 온라인회의 방식은 오프라인 회의와 동일.(장소만 참석자별로 분산하여 공고)
> - 모바일투표 : 심의 및 토론권이 제한되는 문제가 생기므로 사전에 충분한 시간을 두고 안건을 배포하고 찬반 의견을 받아 배포. 안건별로 수정안건도 사전에 받아서 의결(투표)해야 할 사항을 정리.
> - 특히 직접·비밀·무기명 의결 안건은 그 투표 원칙을 지킬 수 있도록 본인 인증절차, 개인 투표 결과가 식별되지 않는 기술체계를 갖춰야 함.(서울중앙지법 2017. 4. 28. 선고 2016가합520510 판결)(2009. 4. 16. 노사협력정책과-1362) 따라서 우편투표, PC를 통한 전자투표는 대리투표 방지가 어려울 수 있음에 유의.

11월 8일 조합원 총회를 하려고 합니다. 7일 전인 11월 1일에 공고를 하면 될까요.

그렇지 않습니다.

노조법(제19조)은 총회(대의원회) 개최일 7일 전까지 공고를 하도록 규정하고 있습니다.

11월 8일 총회를 열려면 11월 8일부터 거꾸로 세어 7일째 되는 11월 1일의 전날인 10월 31일 24시까지는 공고를 해야 합니다. 노동조합이 같은 사업장 노동자로만 구성돼 있다면 규약으로 공고기간을 단축할 수 있습니다. 그럴 경우 그냥 단축할 수 있다고만 규약에서 정하면 되는 것이 아니라 며칠 전까지 공고해야 하는지도 규약에 명시해야 합니다.

공고에 포함해야 할 내용은 회의 일시와 장소, 안건입니다.

▶ 공고 사항
① 회의 일시 : 하루를 초과해서 진행될 가능성이 있는 경우에는 "2.25.~26."과 같이 넉넉히 공고
② 회의 장소 : 구체적으로 특정해야 하나 "사업장 내(구체적인 장소는 추후 공고)" 정도로 일단 공고 후 추후 장소를 정해 공고하는 정도는 가능
③ 회의 안건 : 구체적이고 명확해야 함. "기타 관련 안건"같이 포괄적인 내용으로 공고한 안건은 특정해 공고한 안건과의 관련성·중요성·필요성을 고려해 의결 가능 여부 판단

그런데 파업 중에 전체 조합원이 회사에 모여 농성 중인 상황에서 긴급하게 총회를 개최할 경우처럼 공고기간을 지키기가 어려운 때가 있습니다. 어떻게 해야 할까요.

소집절차를 지키지 못한 하자가 있는 경우 그 하자가 총회 의결 자체를 무효화할 만큼의 중대한 하자인지 여부는 소집절차제도의 취지에 맞춰 해석하는 것이 타당합니다. 즉 이 제도의 취지는 미리 알려서 일정과 장소 및 안건을 총회 구성원들이 모두 알게 해야 한다는 것입니다. 다소간 절차상 하자가 있더라도 의결에 구성원들의 의사를 반영하는 데 어떠한 장애도 초래하지 않았고 전체적으로 조합원 총의가 반영된 의결이라면 유효하다는 것이 판례의 입장입니다.(대법원 1992. 3. 27. 선고 91다29071 판결)

하지만 실제 구체적인 판단으로 들어가면 논란이 많은 사안이므로 주의를 요합니다. 특별한 사정이 없는 한 법과 규약상 소집절차는 반드시 지킬 필요가 있습니다. 급하게 총회를 소집할 수밖에 없는 상황에서는 그러한 사정까지 함께 공고하는 것이 좋습니다. 동시에 조합원들에게 가능한 모든 방법으로 일일이 공고 내용을 알리고 내용을 전달받았음을 확인받는 조치를 취할 필요가 있습니다.

Q 025
전체 조합원 90명 중 51명이 총회에 참석해 48명이 투표한 결과 25명이 찬성했습니다. 가결인가요.

A 노조법(제16조 제2항)은 재적 조합원 과반수(반수를 초과하는 수. 예를 들어 6명의 과반수는 4명 이상) 출석과 출석 조합원 과반수 찬성으로 총회 의결을 하도록 규정하고 있습니다. 강행규정이므로 꼭 지켜야 하고 위반하면 그 의결은 무효가 됩니다.

여기서 '재적'이란 어떤 명부에 적을 두고 있는 것을 말합니다. 재적 확인시기에 대해서는 법에 정해져 있는 것이 없는 만큼 노동조합 스스로 규약·규정을 통해 합리적으로 정하면 됩니다. 예를 들어 총회 공고시점이나 임원선거는 선거인명부 확정시점 등으로 정할 수 있습니다. 그 이후 노동조합에 가입한 조합원에게는 총회 참석권한 및 의결권을 부여하지 않더라도 위법하지 않습니다. 이러한 기준시점을 규약·규정으로 사전에 정해 놓으면 불필요한 논란을 예방할 수 있습니다.

재적 조합원 과반수가 '출석'해야 한다는 것(의사정족수)은 총회의 개회요건이자 유지요건입니다.

의사정족수가 충족되면 회의가 성립돼 개회를 할 수 있습니다. 안건을 의결할 때마다 출석인원수를 확인해야 합니다. 왜냐하면 회의장 문을 잠그고 진행하는 것이 아니니 사람들이 계속 들어오고 나갑니다. 따라서 거수나 기립으로 표결할 경우에는 안건에 대한 토론 후 표결 직전에 현재 재석 수를 확인하여 그 인원수를 출석인원수로 해야 합니다.

**만약 거수나 기립 방식이 아니라 투표로 표결하는 경우에는
재석 수를 헤아리지 말고 투표용지를 받아 간 사람을
출석인원수로 하는 것이 좋습니다.**

그것이 일반적인 관행이기도 하고 이후 문제소지를 줄일 수 있습니다.

'출석'은 투표결과 찬성과 반대뿐만 아니라 기권과 무효를 합한 개념으로 산정합니다.(대법원 1995. 8. 29. 선고 95마645 판결) '기권'은 출석은 했지만 찬반의사표시를 하지 않은 것을 말합니다. '무효'는 출석해서 찬반의사표시를 했지만 유효하지 않은 의사표시를 한 것이죠.

질문처럼 재적 90명 중 51명이 총회에 출석해 어떤 안건에 대해 투표를 했는데 전체 투표용지가 48표, 찬성 25표, 반대 21표, 무효 2표가 나왔다고 가정해 보겠습니다. 투표 실시 전 출석인원수를 따로 확인하지 않고 총투표인원수(또는 투표용지를 받아 간 인원수)를 출석인원수로 산정했다면 출석인원은 48명이 되고 과반수인 25명이 찬성표를 던졌으니까 그 안건은 가결된 것입니다.

만약 이렇게 하지 않는다면 최초 출석인원 51명과 투표인원 48명의 차이(3명)에 대해 출석인원에서 제외할 것인지 기권으로 처리할 것인지 다툼이 발생할 수도 있겠죠. 이렇듯 출석인원수 확인방식을 미리 명확히 정해 놓는 것이 좋습니다.

Q 026 이견이 없어 조합원 총회에서 규약 개정안을 박수로 통과시키려 합니다. 괜찮을까요.

A 문제가 될 수 있습니다. 개정된 규약이 무효가 되면 그 개정된 규약에 따라 처리한 사항들도 따라서 무효가 될 수 있으므로 매우 주의해야 합니다. 노조법상 ① 규약 제정 및 변경 ② 임원 선거 및 해임 ③ 대의원 선출 ④ 쟁의행위 결의에 대해서는 직접·비밀·무기명 투표로 처리해야 합니다. ⑤ 이외에도 규약에서 직접·비밀·무기명 투표로 정하고 있는 사항이면 그에 따라야 합니다.

한편, 노조법은 특별의결정족수가 필요한 사항을 정하고 있는데 ① 규약 제정 및 변경 ② 임원의 해임 ③ 노동조합의 합병·분할·해산 및 조직형태변경에 대해서는 재적 과반수의 출석에 출석 3분의 2 이상 찬성을 얻어야 의결할 수 있도록 하고 있고 ④ 쟁의행위 결의는 반드시 재적 조합원 과반수 찬성으로 하도록 규정하고 있습니다. ⑤ 이외에도 규약에서 특별의결정족수로 처리하도록 정한 사항이 있다면 그에 따라야 합니다.

이러한 사항을 다른 방식이나 다른 의결정족수로 통과시키면 원칙적으로 그 의결은 위법해서 무효가 됩니다.

위 대상 외에는 거수·기립 등 다른 방식으로 처리가 가능합니다. 의결정족수 역시 재적 과반수 출석에 출석 과반수 찬성만 있으면 의결할 수 있습니다. 만장일치 방식으로 처리하는 경우에는 먼저 반대의견이 있는지를 확인하는 것이 필요합니다.

참고로 법 내용보다 높은 의결정족수를 두는 것은 가능하나 법 내용보다 낮은 의결정족수를 두는 것은 위법합니다. 그렇다고 해서 "위원장 불신임은 출석 전원 찬성으로만 의결한다"와 같이 지나치게 높은 의결정족수를 두는 것도 민주적 의사결정 원리에 반해 무효가 될 수 있습니다.

예를 하나 들어 보겠습니다. 규약에 정해 놓은 조합비를 인상할 때 단순히 조합비 인상 안건이니까 노조법상 특별결의 대상이 아니므로 출석 과반수 찬성으로 의결해도 될까요. 그렇지 않습니다. 안건 자체는 특별결의 대상이 아닌 것처럼 보이지만 규약에 조합비가 규정되어 있다면 결국 결과적으로는 규약 개정 안건이기도 하니 특별결의 대상으로 봐야 합니다. 즉 어떠한 안건의 처리가 내용상으로는 규약 개정을 동반하는 경우에는 역시 특별결의 대상이라는 것입니다.(서울고법 2012. 9. 12. 선고 2011라1252 판결)

> ▶ 회의 절차
> - 노동조합을 포함해 대부분 단체들이 「국회법」 등 국회의 회의규정(안건상정 및 표결절차, 의결 전 심의 및 토의 방식 등)을 준용해 회의절차를 진행하는 경우가 많으나 노동조합은 당연히 「국회법」의 적용을 받지 않음.
> - 노조법은 회의절차와 관련한 세부적인 규정을 두고 있지 않으므로, 노동조합은 자체적으로 규약이나 규정에 따라 민주적이고 합리적인 회의절차를 정해 놓고 그에 따르면 되며, 가급적 구체적인 내용까지 규정해 분란의 소지를 없애는 것이 바람직함.

노동조합 위원장이 총회 소집을 거부하고 있습니다. 어떻게 해야 하나요.

Q 027

노동조합 대표자는 조합원(대의원회는 대의원) 3분의 1 이상이 안건을 제시하고 총회(대의원회) 소집을 요구한 때에는 지체 없이 임시총회(임시대의원회)를 소집해야 합니다.

정당한 사유 없이 노동조합 대표자가 총회 소집을 거부하거나 지연하는 경우에는 규약에서 정한 절차에 따라 총회를 개최할 수 있습니다. 예컨대 규약에 "조합원 3분의 1 이상이 회의에 부의할 사항을 제시하고 위원장에게 총회 소집을 요구한 경우 위원장은 7일 이내에 총회 소집을 공고해야 한다. 그러하지 않은 경우 총회 소집을 요구한 조합원 3분의 1 이상이 정하는 자가 총회를 소집할 수 있다"라고 정해 놓은 경우에는 그에 따른 소집권자가 총회를 소집할 수 있습니다.(대법원 1993. 11. 23. 선고 92누18351 판결)

규약에 이런 규정이 없다면 노동조합 대표자 대신 총회를 소집할 수 있는 총회 소집권자를 지명해 달라고 조합원(대의원) 3분의 1 이상이 관할 행정관청에 요구할 수 있습니다. 이때 행정관청은 노동조합 대표자의 총회 소집 거부 또는 기피에 정당한 사유가 없다고 판단되면 관할 노동위원회에 의결을 요청하고, 이를 노동위원회가 의결하면 조합원 3분의 1 이상이 총회 소집권자로 지명해 달라고 요구한 사람을 소집권자로 지명합니다.

조합원들의 민주적 참여 권리를 제고하는 취지에서, 규약에 조합원 3분의 1 이상보다 느슨하게 총회 소집요구 인원수를 규정하는 것(4분의 1 혹은 5분의 1)은 가능하나 법보다 높게 규정하는 것(2분의 1)은 위법합니다.

노동조합 대표자 유고 시처럼 총회(대의원회) 소집권자가 아예 없는 경우에는 조합원(대의원) 3분의 1 이상이 안건을 제시하고 소집권자 지명을 요구하면 관할 행정관청은 노동위원회 의결을 거칠 것 없이 15일 이내에 직권으로 회의 소집권자를 지명해야 합니다.

참고로 노동조합 대표자에게 총회 소집을 요구하는 절차와 행정관청에 총회 소집권자 지명을 요구하는 절차는 별개입니다.

원칙적으로 관련 서류와 조합원 명단(서명지)을 별도로 작성해야 합니다. 따라서 조합원 서명을 받을 때 노동조합 대표자에게 총회 소집을 요구하는 내용과 함께 '총회 소집을 거부하는 경우 행정관청에 OOO을 소집권자로 지명을 요구한다'는 서명을 함께 받는 것이 좋습니다.

Q 028
조합원이 얼마 되지 않습니다. 그래도 대의원을 뽑고 대의원대회를 해야 합니까.

 대의원회는 법적으로 반드시 설치해야 하는 기구는 아닙니다. 그러나 조합원이 많은 경우 총회를 열기가 쉽지 않은 데다, 효율적인 의사결정을 위해 대의제 민주주의 원리에 따른 대의원회를 설치할 필요가 있습니다. 흔히 대의원대회(약칭 대대)로 부르지만 노조법상 용어는 대의원회입니다.

노동조합의 최고의사결정기구는 조합원 총회이고 그다음이 대의원회입니다.

규약에서 대의원회가 총회 기능을 갈음할 수 있도록 정해 놓으면 총회를 열지 않고 총회의 모든 권한과 기능을 대의원회가 담당할 수 있습니다.

그러나 조합민주주의 원칙상 총회를 아예 두지 않고 대의원회가 총회의 모든 역할을 할 수 있도록 하는 것은 바람직하지 않다고 판단됩니다.

대의원회가 있다면 노조법상 총회 소집절차 규정을 비롯한 총회 관련 규정이 대의원회에도 적용됩니다. 즉 1년에 1회 이상 대의원회를 개최해야 합니다. 노동조합 대표자에게 대의원회 소집권한이 있고 노동조합 대표자가 대의원회 의장이 됩니다. 다만 노동조합 대표자가 대의원을 겸직하는 경우가 아니면 의장으로서 회의는 주재하나 총회와 달리 의결권은 없습니다.

대의원회 구성원인 대의원은 조합원들의 직접·비밀·무기명 투표로 선출해야 합니다.(노조법 제17조 제2항)

흔히 부서나 사업장별로 선출하는데, 조합원들의 의사가 고르게 반영될 수 있도록 선출 단위를 나누는 것이 좋습니다. 만약 헌법상 평등권을 침해할 정도로 대의원 선거구의 조합원 수에 현격한 차이가 있다면 위법하여 무효가 될 수도 있습니다.

대의원 선출은 임원 선출처럼 노동조합 총회 또는 대의원회 의사결정 안건이 아니므로 과반수 투표에 과반수 찬성이라는 요건을 필요로 하지 않습니다. 즉 과반수가 안 되더라도 다득표자를 당선자로 처리하는 것이 가능합니다.

노동조합 임원·간부가 자동으로 대의원이 되는 이른바 '당연직제도'는 노조법상 대의원 선출규정에 위반돼 위법합니다. 다만 노동조합 대표자를 뽑을 때 대의원을 겸직하는 것으로 명시했다면 겸직을 할 수 있습니다.

대의원 임기는 규약으로 정하되 3년을 초과할 수 없습니다. 혹시라도 3년을 초과하는 임기를 정해 놓았다면 노조법에 따라 3년인 것으로 해석합니다.

대의원은 대의원회에 참석하는 것만이 활동의 전부가 아닙니다.

소속 조합원들의 의사를 수렴하고 반영하는 상시적인 역할을 할 수 있도록 제도를 만들고 운영하는 것이 중요하겠습니다.

Q 029 대의원대회에서 부결된 안건을 조합원 총회에 상정해 처리할 수 있나요.

 노조법에는 노동조합의 기구로 총회와 대의원회만 언급하고 있지만 총회와 대의원회 아래에 운영위원회와 집행위원회 같은 하위기구도 자율적으로 설치해 운영할 수 있습니다.

기구 간 위계를 정했다면 당연히 상위기구에서 부결된 사항을 하위기구에서 안건으로 다시 상정해 처리할 수 없습니다. 반대로 하위기구에서 부결된 사항이라도 규약·규정에 따라 상위기구에 안건으로 상정됐다면 하위기구에서 행한 결론과 다른 의결을 내릴 수도 있습니다. 다시 말해 대의원회에서 부결된 사항에 대해 조합원 3분의 1 이상이 총회에 안건으로 부의해 달라고 요구해 상정됐다면 대의원 다수와는 다른 조합원 다수의 입장을 총회 의결로 가결시킬 수 있다고 판단됩니다. 그것이 조합민주주의 원리에 부합하기 때문입니다.

같은 취지에서 규약상 총회와 대의원회 기능(의결 대상)을 구분해 놓았더라도 필요시에는 규약상 대의원회 의결 대상까지 총회에서 의결하는 것이 가능하다고 판단됩니다. '규약의 제·개정에 관한 사항'을 규약에서 대의원회 의결사항으로 정하고 있는 경우에도 총회에서 규약 개정을 의결할 수 있다고 판시한 대법원 판례도 있습니다.(대법원 2014. 8. 26. 선고 2012두6063 판결)

그런데 고용노동부는 총회와 대의원회를 모두 두고 있는 노동조합은 총회 기능과 대의원회 기능을 명확히 구분해 운영하는 것이 바람직하다는 입장입니다. 특히 규약상 총회와 대의원회 기능이 구분돼 있지 않은 경우에는 어느 한 기구에서 부결된 안건을 다른 기구에 다시 상정해 처리할 수 없다고 보고 있습니다. 대의원회에서 부결된 안건을 총회에 상정할 수 없다는 것이죠.(2002. 11. 15. 노조 68107-860) 총회와 대의원회를 상하관계가 아니라 각각의 기능을 가진 동격의 기구로 보는 것 같아 동의하기가 어렵습니다.

**어쨌건 노동조합 내부 각 기구의 기능과
의결 대상, 기구 간 관계를 규약으로 정해 놓고
해석상 다툼이 발생하지 않도록 예방하는 것이 좋겠습니다.**

위원장 후보 출마 자격을 노동조합 가입 1년 이상인 자로 제한하고 있습니다. 적법한 건가요.

징계를 당해 피선거권을 박탈당한 경우가 아닌 한 조합원이라면 누구나 임원으로 출마할 수 있는 자격이 있습니다.

그런데 합리적인 범위 내에서는 규약으로 입후보자 자격요건을 제한하는 것도 가능합니다.

예를 들면 노동조합 가입 후 일정 기간이 경과한 자만 입후보할 수 있다거나 조합원 일정 수 이상의 추천을 받아야 하다는 식의 제한을 둘 수 있습니다. 그런데 그 제한은 노사관계와 노동조합의 실정을 파악하고 임원으로서 직무를 수행하는 데 필요하다고 인정되는 합리적인 범위여야 하고 조합원들의 피선거권을 부당하게 침해할 정도여서는 안 됩니다.(대법원 1992. 3. 31. 선고 91다14413 판결)

노동조합 임원이란 총회 또는 대의원회에서 직접·비밀·무기명 투표로 선출된 이른바 직선 임원을 말하며, 그 범위는 규약으로 정합니다. 그런데 위원장이 지명해 선임된 부위원장이나 사무국장은 규약에서 임원으로 정해 놓았더라도 노조법상 노동조합 임원은 아닙니다. 규약상 임원 중 직선 임원이 아닌 경우에는 노조법상 임원 해임 관련 조항이 적용되지 않습니다.

노조법에는 노동조합 임원으로서 대표자와 회계감사만 언급돼 있으나 부위원장·사무국장 등 필요한 범위에서 직선 임원을 자체적으로 둘 수 있습니다. 임원 선출 방식도 노동조합이 스스로 규약에서 정하면 됩니다. 다만 최소한 대표자인 위원장만큼은 조합원 총회에서 전체 조합원들이 참여하는 선거절차를 통해 선출하는 것(조합원 직선제)이 바람직하다고 판단됩니다.

▶ 임원의 임기

- 임원의 임기는 규약으로 정하되 3년을 초과할 수 없음. 3년을 초과하는 임기를 규약으로 정했다면 위법해 무효이므로 법에 따라 3년인 것으로 해석됨.
- 임원의 임기를 늘리거나 줄이는 규약 개정이 있더라도 현 임원에게는 적용되지 않음. 다만 단임제를 중임제(두 번 이상 취임할 수 있는 제도)로 바꾸거나 중임제를 단임제로 바꾸는 규약 개정은 현 임원에게도 적용됨.
- 임기 도중에 임원이 사퇴하거나 임원직을 수행할 수 없는 경우 ① 직무를 대행할 자를 선정하거나 ② 보궐선거를 실시하거나 ③ 새로운 임원선거를 실시해야 함. 따라서 규약으로 직무대행자 순위, 보궐선거 실시방법 등을 구체적으로 정해 놓고 임원 공백에 따른 혼란이 발생하지 않도록 할 필요가 있음.

1차 투표 결과 과반을 득표한 위원장 후보가 없는데, 다득표자만을 대상으로 찬반투표를 실시해도 되나요.

임원 선출은 총회나 대의원회 의결사항이므로 재적 과반수 출석에 출석 과반수의 찬성을 얻어야 합니다. 다만 노조법(제16조 제3항)은 1차 투표에서 과반수 득표자가 없는 경우 규약에 따라 결선투표를 실시해서 다득표자를 임원으로 선출할 수 있도록 하고 있습니다.

따라서 반드시 규약에 결선투표 규정을 둔 경우에 한해 찬반투표를 실시할 수 있습니다.

결선투표 입후보자를 몇 명으로 할 것인지도 규약으로 정하면 됩니다. 최초 입후보자가 3명 이상인 경우에는 다득표자 1명에 대해서만 찬반을 묻는 결선투표는 실질적인 결선투표로 볼 수 없으므로 허용되지 않습니다. 입후보자가 2명이라면 다득표자 1명에 대해서만 결선투표를 실시할 수 있겠죠.

1차 투표에서건 결선투표에서건 당선자가 없으면 재선거를 실시합니다. 「국회법」상 '일사부재의 원칙'(한 번 부결된 안건은 같은 회기 중에 다시 발의할 수 없는 원칙)을 준용해 낙선한 후보자는 재선거에 출마할 수 없도록 정해 놓은 노동조합들도 종종 있습니다. 그런데 「국회법」의 절차규정이 노동조합 운영에 당연히 적용되는 것은 아니므로 꼭 그래야 하는 것은 아닙니다.

낙선자들이 재선거에 출마할 수 없다는 규정을 두더라도, 선거절차에 하자가 있어 선거무효·당선무효 등의 결정이 내려진 경우 당선무효자와 선거무효 결정에 원인이 된 중대한 선거절차 위반 후보자를 제외한 다른 후보자들은 재선거에 입후보할 수 있습니다.

선거절차나 선거운동에 문제가 있어 선거무효 또는 당선무효로 판단하기 위해서는 그 문제가 대단히 중대해 선거 또는 당선에 심각한 영향을 미친 경우여야 합니다.

선거절차는 분쟁 소지가 많으므로 가능한 구체적으로 관련 내용을 규약 및 선거관리규정에 명시해 놓는 것이 좋습니다.

또한 집행부와 별도로 선거관리위원회를 두고 선거관리위원을 공정하게 선출해 선거업무를 담당하게 할 필요가 있습니다.

다수 임원을 선출하거나(부위원장을 여러 명 선출하는 경우) 또는 각각의 임원(위원장·부위원장·회계감사)을 선출하는데 후보자가 한 명씩이라면 동반입후보제도가 아닌 한 후보자들 전체에 대해 일괄로 찬반을 묻는 투표방식은 허용되지 않습니다. 즉 후보자들 중 1인에게 투표하는 방식이거나 후보자들 개개인에 대한 찬반을 묻는 방식이어야 합니다.

조합비를 장기간 미납한 조합원을 징계하려고 합니다. 제명도 가능한가요.

032

조합비 납부는 조합원으로서 가장 기본적인 의무입니다.

정당한 사유 없이 장기간 조합비를 납부하지 않고, 노동조합의 계속된 납부독촉에도 고의로 불응했다면 제명도 가능하다고 판단됩니다.

노동조합의 규약·방침·결정사항을 위반한 조합원은 징계로써 제재처분을 할 수 있습니다. 이러한 규율과 통제에 관한 사항은 노조법상 규약에 필수적으로 기재해야 할 대상이기도 합니다. 조직 질서를 유지하고 통일적인 의사에 따른 단결력을 확보하기 위한 취지의 제도입니다.

노동조합의 결정이나 방침이 위법한 경우에는 조합원이 따르지 않을 수 있고 그 경우에는 결정 및 방침 위반을 이유로 행한 징계 역시 위법해 무효라고 봅니다. 반면 노동조합의 결의 및 지시가 객관적으로 봐서 중대하고 명백히 위법하지 않는 한 조합원은 우선 따라야 할 의무가 있습니다.

노동조합의 징계권 행사는 유사한 전례와 비교해서 형평성 원칙에 어긋나서는 안 됩니다. 규약에서 징계절차를 둔 경우나 관행적으로 하던 징계절차가 있을 때에는 이를 따라야 합니다. 조합원 권리가 부당하게 박탈되거나 침해되지 않도록 규약·규정에 징계의 사유 및 절차를 합리적이고 공정하게 갖춰 둘 필요가 있습니다.

징계의 종류로는 경고, 정권(권리정지), 제명을 두는 경우가 많습니다. 제명은 조합원의 행위가 노동조합의 존재 의의를 부인하는 정도에 이르러 노동조합의 목적 달성과 다른 조합원 보호를 위해 불가피한 경우에 한해 최종 수단으로 허용됩니다. 규약에서 달리 정하지 않은 한 정권을 당하게 되면 조합원으로서 권리는 정지되지만 의무(조합비 납부, 조합활동 참여 등)는 면제되지 않습니다. 노동조합 직책을 가진 조합원이라면 정권기간 동안 그 직책 활동 역시 할 수 없게 되지만 직책이 박탈(해임)되는 것은 아닙니다.

노동조합 임원 역시 징계 대상자가 될 수 있는데요. 임원을 제명하면 임원직에서 해임되는 결과가 발생하므로 일반 조합원에 대한 징계절차와는 다르게 특별히 규약에 명시할 필요가 있습니다.

**조합원에 대한 징계권한을
노동조합 운영위원회에 두고 있는 경우에도
임원에 대한 징계, 특히 해임은
그 임원을 선출한 기관에서만 할 수 있습니다.**

임원을 해임하려면 노조법상 총회 또는 대의원회에서 직접·비밀·무기명 투표로 출석 인원 3분의 2 이상 찬성을 얻어야 합니다.

Q 033 노동조합 운영에 대해 문제를 제기하다 징계를 당했습니다. 구제절차를 설명해 주세요.

A 집행부를 비판한 목적이 자주성 확보와 민주성 제고 같은 노동조합의 올바른 운영과 발전을 위한 것이라면 정당한 조합활동에 속합니다. 정당한 조합활동은 징계의 대상이 될 수는 없습니다.

우선 노동조합 규약 및 징계규정 등에서 징계재심절차를 두고 있다면 그에 따라 재심을 신청해 다시 한번 올바르고 공정한 결정을 촉구할 필요가 있습니다. 노동조합 운영의 문제점을 지적한 행위의 정당성과 불가피성을 충분하게 소명해야겠죠.

징계재심절차에서도 원만하게 해결되지 않은 경우에는 법적인 구제절차를 활용할 수 있습니다. 징계처분의 무효 확인을 구하는 소송과 징계 효력의 정지를 구하는 가처분 신청을 법원에 제기할 수 있습니다. 다만 시간과 비용이 많이 소요될 수도 있겠죠.

노조법(제21조)은 노동조합의 처분이 위법하거나 규약을 위반한 경우 행정관청에 시정명령을 신청할 수 있는 제도를 두고 있습니다.

관할 행정관청에 노동조합의 징계처분에 대해 시정명령을 해 달라는 신청을 하면 행정관청은 관할 노동위원회의 의결을 얻어 시정명령 여부를 결정합니다. 노동위원회가 위법·부당한 징계처분이라고 판단하면 행정관청은 징계처분을 시정하라는 명령을 노동조합에 하게 됩니다. 행정관청의 시정명령을 위반한 노동조합에는 500만 원 이하의 벌금형이 부과됩니다.

행정관청에 시정명령을 신청한 때부터 노동위원회 의결을 거쳐 시정명령이 행해지기까지 통상 1~2개월 정도 걸립니다. 그런데 행정관청이 스스로 노동조합의 처분이 위법하거나 규약에 위반되지 않는다고 판단하면 노동위원회에 의결요청을 하지 않을 수도 있습니다. 이 경우에는 행정관청을 상대로 행정심판이나 행정소송을 제기할 수 있습니다.(2001. 5. 31. 노조 68107-364) 행정심판이나 행정소송은 쉽지 않은 절차입니다. 따라서 행정관청에 자의적으로 판단하지 말고 꼭 노동위원회의 판단을 받아 달라고 강력하게 요청할 필요가 있습니다.

만약 노동위원회 역시 노동조합의 처분이 정당하다며 신청을 기각했다면 그에 대한 법적인 불복절차는 없습니다. 이때는 앞서 언급한 징계무효확인 소송 등을 법원에 제기해야 합니다.

Q 034
노동조합 회계 상황은 어떻게 감사합니까.

 노동조합은 재정운영의 투명성을 확보하는 최소한의 장치로 회계감사를 둬야 합니다. 회계감사는 노조법에서도 노동조합 대표자와 함께 필수적으로 둬야 할 임원으로 정하고 있습니다. 회계감사를 몇 명이나 둘지, 회계감사위원회를 구성할지 등은 노동조합이 규약으로 정하면 됩니다.

회계감사는 총회나 대의원회에서 직접·비밀·무기명 투표로 선출합니다.

노조법(제25조)은 노동조합 대표자가 회계감사(會計監事)로 하여금 6개월에 1회 이상 회계감사(會計監査)를 실시하게 하고 그 내용과 결과를 전체 조합원에게 공개하도록 하고 있습니다.

이때 감사의 대상은 노동조합의 모든 재원과 용도, 주요한 기부자의 성명, 현재의 경리 상황 등입니다. 회계감사가 필요하다고 인정할 경우에는 정기감사 외에도 수시감사를 실시하고 그 결과를 공개할 수 있습니다.

감사 결과는 보통 총회나 대의원회에서 발표합니다. 공고문을 부착하거나 노동조합 소식지에 감사 결과를 실어도 됩니다. 감사 결과 회계 관리·집행상의 문제가 있다면 위원장에게 즉시 시정하도록 조치하고 책임자를 찾아 적정한 조치를 취하게 해야 합니다.

　노동조합의 회계를 투명하게 하고 재정운영을 잘하는 것은 매우 중요한 일입니다. 번거롭더라도 금전출납부, 입출금전표 및 증빙영수증, 입출금 근거자료 등을 잘 정리해 둘 필요가 있습니다. 조합원이 회계 상황을 궁금해하면 언제라도 그 내용을 알려 줄 수 있어야 합니다. 노동조합에서 다량의 물품을 납품받을 때에도 수의계약이 아니라 가급적 공개입찰 과정을 거치고, 이런저런 기부금을 받게 되면 이에 대해서도 모두 공개하고 회계장부에 수입으로 기재하는 것이 바람직합니다.

　노동조합의 금전적인 비리나 부실한 회계관리는 사용자에게 발목이 잡히는 빌미가 되기도 하고 결국에는 이른바 어용노동조합이 되는 지름길일 수 있습니다. 금전적인 문제로 도덕적인 타격을 받게 되면 조합원들의 신뢰도 잃게 된다는 것을 명심해야 합니다.

노동조합 전임자는 꼭 있어야 하나요.

회사 직원 신분은 유지하되 근로자로서 회사 업무는 하지 않고 노동조합 업무만 할 수 있는 조합원을 노동조합 전임자라고 합니다. 노조법(제24조 제1항)은 단체협약으로 정하거나 사용자의 동의가 있는 경우 노동조합 전임자를 둘 수 있도록 하고 있습니다.

규모가 큰 노동조합이나 상급단체인 노동조합에는 노동조합이 자체적으로 채용한 노동조합 간부나 직원들도 있습니다. 노조법에서 말하는 노동조합 전임자는 이들과는 달리 회사 소속 직원이지만 단체협약 등에 따라 노동조합 업무에만 종사하는 노동자를 지칭합니다.

오랜 기업별 노동조합 역사로 인해 외국과 달리 우리나라에는 개별 회사 소속 근로자 중에서 노동조합 업무만 전담하는 전임자가 필요했습니다. 이에 따라 노조법에 전임자제도가 생기기 이전부터 노동조합이 단체협약 등을 통해 전임자를 확보했고, 판례도 이를 적법한 것으로 인정해 왔습니다. 대개 노동조합 대표자나 주요 간부들이 노동조합 전임자가 돼 상시적인 노동조합 업무를 수행합니다. 이로써 모든 조합원이 회사 소속 근로자신분인 관계로 일상적인 조합활동을 하기 어려운 현실에서도 원활한 노동조합 운영과 활동이 가능했던 것입니다.

노동조합 전임자는 사람의 몸에 비유하자면
쉬지 않고 신체에 골고루 혈액을 공급하는 심장과도 같습니다.

노동조합 현장을 지탱하는 기둥이라고도 할 수 있겠습니다.

노무관리부서를 통해 일상적으로 대(對)노동조합 활동을 하는 사용자에 대응해 노동조합 역시 최소한의 상시적 활동 조건을 확보할 필요가 있습니다. 그러기 위해 전임자를 둬야 합니다. 다만 노동조합 활동이 지나치게 전임자 중심이 되지 않도록 조합원들을 노동조합 활동의 주체로 세우고 참여하게 만드는 노력을 반드시 병행해야 합니다.

참고로 판례는 전임자의 신분을 휴직자와 유사한 지위로 해석합니다.(대법원 1995. 11. 10. 선고 94다54566 판결) 그러면서도 취업규칙 적용이 완전히 배제되는 것은 아니어서 원칙적으로 출퇴근의무가 있고 관련한 회사의 징계 대상도 된다는 입장입니다. 다만 전임자 출근을 노동조합 내부 출근기록 등으로 인정받을 수 있기 때문에 노동조합이 관련 절차를 마련해 자체적으로 관리하면 됩니다. 분쟁의 소지를 없애려면 단체협약을 통해 노동조합 스스로 전임자 출퇴근을 관리한다는 것을 명확하게 정하는 것이 좋습니다.

▶ '노동조합 전임자'와 '근로시간면제자'
- 대개 노동조합 전임자가 근로시간면제자로 활동하나 동일한 개념은 아님. 노동조합 전임자 중 사용자에게 급여를 받는 이른바 유급 전임자를 근로시간면제자로 볼 수 있음.
- 노동조합 전임자는 단체협약 등에 따라 노동조합 업무에만 전임하는 근로자이고(1997년 노조법 개정으로 법제화), 근로시간면제자는 근로시간면제 제도에 따라 임금의 손실 없이 노동조합 업무를 하는 근로자(2010년 노조법 개정으로 법제화)를 말함.

노동조합 전임 활동 중에 사고로 다쳤습니다. 산재보험 적용이 가능할까요.

036

노동조합 전임 활동 과정에서 발생한 사고나 질병 등의 재해는 업무상 재해로 인정돼 「산업재해보상보험법」(산재보험법)상 보험급여를 받을 수 있습니다.

그런데 상급단체 활동이나 쟁의 단계 돌입 이후 노동조합 활동으로 생긴 재해는 업무상 재해로 인정하지 않는다는 대법원 판례가 있습니다. 노동조합 전임을 인정하는 이상 정당한 조합활동이라면 모두 업무상 재해라고 보는 것이 타당하므로 판례의 입장은 이해하기 어렵습니다.

전임 활동 중에 산재를 당해 보험급여를 산정할 경우 또는 퇴직금을 산정할 때 전임자의 평균임금을 계산해야 하는데요. 이때 전임자가 실제로 지급받은 급여를 기준으로 하는 것이 아니라 전임자와 같은 직급 및 호봉의 노동자 평균임금을 기준으로 계산한다는 것이 대법원의 기존 입장입니다.(대법원 1998. 4. 24. 선고 97다54727 판결) 근로시간면제자의 경우에는 임금의 손실 없이 노동조합 업무를 하는 근로자이므로 단체협약 등에 따라 실제 지급받은 급여를 기준으로 평균임금을 산정하면 됩니다.(대법원 2018. 4. 26. 선고 2012다8239 판결)

전임자와 관련해 몇 가지 더 살펴보겠습니다.

전임자가 사용자로부터 무급정직 징계를 받은 경우에도 전임이 해제 또는 정지되는 것은 아니므로 전임 활동을 계속하는 한 정직기간 중에도 전임자급여는 지급돼야 합니다.(2003. 11. 5. 노조 68107-573) 다만 해고된 전임자에 대해서는 사용자가 급여를 지급할 의무가 없고, 파업기간 중에도 역시 전임자급여를 지급할 의무가 없다는 것이 판례의 입장입니다. 그러나 해고됐더라도 노조법상 근로자 신분을 유지하는 한 단체협약상 급여지급 의무를 달리 볼 근거가 없으며, 전임자는 애초부터 근로제공 의무가 없고 파업기간 중에도 전임 활동을 계속하므로 사용자의 급여지급의무를 면해 줄 이유가 없다는 점에서 두 판례 입장 모두 납득하기 어렵습니다.

전임자 지위는 달리 특별한 규정이 없는 한 사용자가 전임 발령을 해야 취득됩니다. 반면 노동조합이 통보한 때부터 전임자로서 활동한 관행이 있거나 그러한 내용의 단체협약을 두고 있다면 사용자의 발령 없이도 전임 활동을 시작할 수 있습니다. 사용자가 정당한 사유 없이 전임 발령을 해 주지 않는 경우에는 발령을 했어야 할 시점에 전임자 지위를 획득한 것으로 볼 수 있습니다.(서울고법 2010. 6. 24. 선고 2009누37618 판결)

분쟁의 소지를 없애기 위해서는 "전임자는 노동조합이 조합원 중에서 선정하며, 회사에 전임 업무 개시를 통지하는 날부터 전임 업무에 종사한다"는 내용을 단체협약에 명시할 필요가 있습니다.

Q 037
노동조합 조합원이 178명인데요. 전임자를 몇 명까지 둘 수 있습니까.

A 노동조합 전임자 수는 노사가 합의해 정하면 되고, 그 수에 법적인 제한은 없습니다.

다만 노조법(제24조 제2항)은 노동조합 전임자가 전임기간 동안 사용자에게 급여를 받을 수 없도록 규정하고 있습니다. 대신 고용노동부 장관이 고시하는 근로시간면제(타임오프, time-off) 한도를 초과하지 않는 범위 내에서는 급여지급을 허용하고 있습니다.

노동조합 전임자는 노조법에 아무런 규정 없이 관행과 판례에 의해 인정돼 왔는데, 1997년 노조법 개정으로 법에 제도가 명문화됨과 동시에 전임자에 대한 급여지급이 부당노동행위로 규정돼 버렸습니다. 부당노동행위 규정은 거듭된 시행유예 끝에 타임오프 제도 신설과 함께 2010년 7월 1일부터 시행되고 있죠. 전임자에 대한 사용자의 급여지급은 노동조합이 쟁취해 낸 결과물이자 노사 간 자주적인 교섭에 따른 합의사항입니다. 이를 입법취지가 전혀 다른 부당노동행위로 규율하는 것은 논리적으로도 상식적으로도 타당하지 않다고 판단됩니다.

그러나 현재 대법원은 근로시간면제 한도를 초과하여 사회통념상 수긍할 만한 합리적인 범위를 초과할 정도로 과다하게 전임자급여를 지급하면 그 자체로 부

당노동행위에 해당한다는 입장입니다.(대법원 2018. 5. 15. 선고 2018두33050 판결)

어쨌건 「근로시간면제 한도 고시」에 따르면 조합원이 178명인 경우 사용자에게 급여를 받는 유급 전임자(근로시간면제자)는 연간 최대 3천 시간까지 둘 수 있습니다.

인원수로는 1.5명입니다. 주 40시간 기준으로 1인당 연간 소정근로시간을 약 2천 시간으로 보면 3천 시간은 1.5명에 해당하는 시간이기 때문입니다. 따라서 1명의 풀타임 전임자와 1명의 파트타임 전임자(일정 시간만 노동조합 전임 활동에 종사하는 자)를 둘 수 있습니다. 이 사례에서는 파트타임 전임자의 경우 근무시간의 50%를 노동조합 업무에 종사하게 되겠네요. 또는 조합원 수가 300명 미만이므로 풀타임 전임자를 두지 않고 대신 풀타임으로 사용할 수 있는 인원(1.5명이나 소수점 이하는 1명으로 취급해 2명)의 3배까지를 전원 파트타임으로 두는 것도 가능합니다. 즉 6명이 1인당 500시간씩 사용할 수도 있습니다.

참고로 사업장 내에 복수노동조합이 있는 경우에는 전체 노동조합 조합원 수를 합산해 근로시간면제 한도를 산정하고, 근로시간면제 시간도 노동조합별로 배분하는 것이 원칙입니다. 교섭단위가 분리된 경우에도 마찬가지로 분리된 교섭단위별로가 아니라 사업장 전체 조합원 수를 기준으로 합니다.

교섭대표노동조합이 반드시 조합원 수의 비율에 따라 근로시간면제 시간을 배분해야 하는 것은 아니지만 교섭대표노동조합만이 독점하거나 과도하게 가져가는 경우 공정대표의무 위반이 될 수 있습니다. 그리고 복수노동조합들의 조합원 수가 변동되더라도 단체협약 체결 시의 근로시간면제 한도 및 노동조합 간 배분은 단체협약 유효기간 중에는 유지된다고 해석됩니다.

근로시간면제 한도 고시(2013. 6. 25. 노동부 고시 제2013-31호)

가. 조합원 규모별 근로시간면제 한도

조합원 규모*	연간 시간 한도	사용가능인원
99명 이하	최대 2,000시간 이내	○ 조합원 수 300명 미만의 구간 : 파트타임으로 사용할 경우 그 인원은 풀타임으로 사용할 수 있는 인원의 3배를 초과할 수 없다 ○ 조합원 수 300명 이상의 구간 : 파트타임으로 사용할 경우 그 인원은 풀타임으로 사용할 수 있는 인원의 2배를 초과할 수 없다.
100 ~ 199명	최대 3,000시간 이내	
200 ~ 299명	최대 4,000시간 이내	
300 ~ 499명	최대 5,000시간 이내	
500 ~ 999명	최대 6,000시간 이내	
1,000 ~ 2,999명	최대 10,000시간 이내	
3,000 ~ 4,999명	최대 14,000시간 이내	
5,000 ~ 9,999명	최대 22,000시간 이내	
10,000 ~ 14,999명	최대 28,000시간 이내	
15,000명 이상	최대 36,000시간 이내	

* '조합원 규모'는 「노동조합 및 노동관계조정법」 제24조 제4항의 '사업 또는 사업장'의 전체 조합원 수를 의미하며, 단체협약을 체결한 날 또는 사용자가 동의한 날을 기준으로 산정한다.

나. 지역분포에 따른 근로시간면제 한도

대상	추가 부여되는 근로시간면제 한도	
	광역자치단체 개수	시간
전체 조합원 1,000명 이상인 사업 또는 사업장	2~5개	(사업 또는 사업장 연간 근로시간면제 한도)×10%
	6~9개	(사업 또는 사업장 연간 근로시간면제 한도)×20%
	10개 이상	(사업 또는 사업장 연간 근로시간면제 한도)×30%

* 광역자치단체 개수 산정기준

① 광역자치단체는 지방자치법 제2조 제1항 제1호에 따른 특별시·광역시·특별자치시·도·특별자치도를 말한다.
② 광역자치단체 개수는 해당 사업 또는 사업장의 전체 조합원 5% 이상이 근무하는 것을 기준으로 산정한다.

Q 038

조합원들이 총회나 대의원대회에 유급으로 참석하는 시간도 근로시간면제 한도 범위 내에서 사용해야 하나요.

노조법(제24조 제4항)은 노동조합 전임자가 근로시간면제 한도 범위 내에서는 사용자로부터 급여를 지급받으면서 사용자와의 협의·교섭, 고충처리, 산업안전 활동 등 노조법 또는 다른 법률에서 정하는 업무와 건전한 노사관계 발전을 위한 노동조합의 유지·관리업무를 할 수 있다고 규정하고 있습니다.

여기서 "건전한 노사관계 발전을 위한 노동조합의 유지·관리업무"가 무엇인지에 대해서는 논란이 있습니다. 고용노동부(「근로시간면제 한도 적용·매뉴얼」, 2013년 6월)는 기본적인 노동조합 관리 업무(총회·대의원회·임원선거·회계감사)와 노사공동의 이해관계에 속하는 업무 등으로 좁게 해석하는 경향을 보입니다. 처음에는 상급단체 활동이나 쟁의행위조차 대상 업무범위에서 벗어난다는 입장이었으나 위 매뉴얼 개정을 통해 상급단체 활동은 업무범위에 포함시키고 쟁의행위의 경우에도 그 준비 활동까지는 근로시간면제 대상이라고 입장을 변경하기도 했습니다. 그러나 노조법상 정당한 조합활동으로 인정되는 모든 노동조합 업무(노조법 제2조 제4호에서 규정하고 있는 노동조합의 정의에 부합하는 모든 활동)는 당연히 노동조합 전임자의 업무라고 해석하는 것이 타당하다고 판단됩니다.

한편 단체협약이나 관행으로 보장돼 있는 조합원들의 총회 참석, 대의원들의 대의원회 참석, 기타 노동조합 각종 회의시간, 선거관리위원이나 입후보자의 선거 관련 업무, 조합원 교육시간과 노동조합 행사 등에 조합원들이 참석하는 것은 어떻게 봐야 할까요.

노동조합 전임자만의 업무가 아니므로 이를 전임자에 대한 근로시간면제 한도에 포함되는 것으로 봐서는 안 됩니다.

이러한 것들까지 근로시간면제 대상에 포함시킨다면, 예를 들어 조합원 총회를 유급으로 보장하는 단체협약을 체결한 경우 조합원이 200명인 노동조합은 전체 조합원의 5시간 총회 참석만으로 근로시간면제 한도 1천 시간을 사용한 것이 됩니다. 그렇게 총회를 몇 번 개최하는 것만으로도 더 이상 어떠한 전임 활동도 할 수 없게 되는 것이니 상식적으로 타당하지 않으며 제도 취지에도 부합하지 않습니다.

고용노동부도 초기에는 과도하고 경직되게 해석을 했으나 지금은 조합원들의 총회·대의원회 참석시간을 유급으로 보장하는 것은 근로시간면제 제도의 취지를 훼손하는 수준에까지 이르는 정도가 아니라면 허용될 수 있다는 입장인 것으로 보입니다.

Q 039 타임오프 제도에 어떻게 대응해야 할까요.

 타임오프 제도는 유급 전임자를 제한하는 제도이므로, 무급 전임자는 노동조합의 역량에 따라 얼마든지 따낼 수 있습니다. 무급 전임자를 두는 만큼 조합비를 올리고 임금인상을 쟁취해 내는 방법도 있습니다. 복리후생기금을 활용할 수도 있습니다. 복리후생기금을 사용자에게서 지원받는 것은 위법이 아닙니다. 복리후생기금을 조성해 조합원들의 복리후생 목적으로 사용하고 조합비는 전임자 급여보전 및 노동조합 운영비로만 사용하도록 조합 재정을 구분하는 방식도 가능합니다. 물론 전임자 중심의 노동조합 활동을 지양하고 조합원이 주체가 되도록 하는 조직혁신과 노동조합 재정자립도 향상이 무엇보다 필요함은 두말할 필요가 없겠습니다.

한편 타임오프 고시 한도를 넘은 노사합의를 하게 되면 사용자의 부당노동행위로 본다는 것인데, 사용자가 부당노동행위로 처벌되려면 범죄 구성요건인 부당노동행위 의사가 있어야 하므로 무조건 부당노동행위로 처벌되는 것도 아닙니다.

**타임오프 제도와 고용노동부의 고시가
강행법규인 양 얽매이지 않는 태도가 필요합니다.**

그런 관점을 가지고, 노사가 적정한 노사관계를 구현하기에 필요한 전임자 수와 급여를 자주적으로 합의해 정하면 될 일입니다.

전임자의 업무에는 노조법상 정당한 노동조합 업무가 모두 포함된다고 봐야 하기 때문에 타임오프 제도를 이유로 전임자 활동을 제한해서는 안 됩니다. 따라서 전임 활동에 대한 보고를 요구하는 사용자의 과도한 행위는 그 자체가 부당노동행위일 수 있으므로 거부하고, 노동조합 스스로가 자주적으로 관리한다는 내용을 단체협약에 명시하는 것이 바람직합니다. 다만 고용노동부는 사용자가 최소한의 확인절차로서 전임 활동내용에 대해 보고를 요구할 수 있고 이를 거부하면 전임자 급여를 지급하지 않아도 단체협약 위반이 아니라는 입장입니다.

타임오프 제도와 일반적인 조합활동 보장은 별개의 사안입니다. 노동조합 사무실 및 기본 유지비, 비품 제공, 조합원 복지기금 또는 복리후생비는 타임오프 제도와 무관하므로 노동조합의 역량에 따라 지켜 내거나 따내면 됩니다.

노조법은 타임오프 제도에 위반되는 전임자급여 지급을 요구하는 쟁의행위를 처벌 대상으로 하고 있으나 그것만을 또는 그것을 주된 목적으로 하는 쟁의행위인 경우에만 금지되는 것입니다. 교섭사항 중 하나로 전임자급여 지급을 포함하는 것은 당연히 허용됩니다. 다른 주된 사항과 함께 타결이 되지 않으면 쟁의행위도 할 수 있습니다.

노동조합 100문 100답

CHAPTER 3
단체교섭 및 단체협약

Q 040 사내하청 노동조합이 원청 회사에 단체교섭을 요구할 수 있습니까.

단체교섭은 노동조합이 조합원의 노동조건이나 사회적·경제적 지위 향상을 위해 문제 해결 권한을 가진 자와 교섭하고, 그 결과로 단체협약 체결 내지 합의를 하는 일련의 활동을 의미합니다.

대법원이 노조법 실무서에서 설명하고 있는 단체교섭의 의의는 이렇습니다. 첫째, 근로조건 대등결정의 원칙을 구현하기 위해 노동자 단결을 기초로 노동력의 집단적 거래를 목적으로 합니다. 둘째, 노동조건의 통일적 형성과 노사평화 달성 등 사용자에게도 유용한 효용을 갖습니다. 셋째, 노사 간 의사소통기능을 합니다. 이를 통해 단체교섭은 노사 간 갈등과 분쟁의 사전적 예방이나 사후적 해결을 위한 제도로 기능합니다. 넷째, 노동단체의 조직 강화를 위한 수단이 됩니다. 다섯째, 오늘날 단체교섭은 단순히 노동조건의 기준을 설정하는 기능을 넘어 경영에 대한 집단적인 참가기능, 국가 내 노사관계질서 형성기능까지 담당합니다.

사내하청 노동조합에 속한 조합원들은 노동을 제공하는 공간인 원청 회사 사업장에서 노동조합 활동을 할 수밖에 없습니다. 단체협약에서 정하는 노동조합 활동에 관한 사항에 대한 결정권은 사실상 원청 회사가 갖고 있습니다. 임금·고용·휴가·휴일·근로시간은 어떨까요. 임금은 원청 회사와 사내하청 회사 사이 도급계약에서 아예 구체적으로 정해지고, 고용 문제나 휴가·휴일·근로시간 문제도 원청 회사의 사업장 운용 시스템에 종속돼 있습니다.

**결국 단체교섭이 갖는 본래적 기능을 달성하기 위해
사내하청 노동조합은 결정권을 갖고 있는
원청 회사를 상대로 교섭해야 합니다.**

원청 회사가 적극적으로 교섭에 나서야만 문제를 해결할 수 있습니다. 실제 현실에서도 산업별 노동조합이 나서거나, 원청 회사 노동조합이 연대해 원청 회사와 단체교섭을 하면서 사내하청 조합원들의 문제를 논의하고 합의서를 체결합니다. 근로계약을 체결하고 있는 사용자만 단체교섭의무를 진다는 것은 과거의 잘못된 관념입니다. 오늘날 법원은 원칙적으로 노조법상 사용자, 즉 단체교섭의무를 지는 사용자를 판단할 때 근로계약 관계를 고집하지 않습니다. 예를 들어 현대중공업 사내하청 노동조합 사건에서 대법원은 원청 회사가 사내하청 회사와 도급관계하에 있다 하더라도 사내하청 노동자들의 노동조건 등에 대해 실질적 지배력과 영향력을 끼치는 지위에 있기 때문에 노조법상 사용자로 봐야 한다고 판결했습니다.(대법원 2010. 3. 25. 선고 2007두8881 판결)

대법원은 골프장 경기보조원 사건에서도 노조법상 사용자 지위에 있는지 여부를 따질 때 반드시 근로계약 관계일 필요는 없다는 점을 다시 한번 명확히 한 바 있습니다.(대법원 2014. 2. 13. 선고 2011다78804 판결)

노동조합은 적극적으로 원청 회사를 상대로 교섭을 요구하고, 원청 회사도 이윤과 권한만 누릴 것이 아니라 책임도 다하는 자세가 필요합니다. 그리고 고용노동부나 노동위원회도 적극적인 법 해석을 통해 간접고용 노동자들의 노동기본권이 보장될 수 있도록 해야 합니다.

노동조합 위원장이 조합원 총회를 거치지 않고 상급단체나 제3자에게 교섭권을 위임할 수 있나요.

노동조합 규약에서 노동조합 대표자(위원장)에게
단체교섭권을 위임할 수 있도록 규정하고 있다면
위원장은 상급단체 또는 제3자에게
교섭권을 위임할 수 있습니다.

노조법(제29조)은 노동조합 또는 사용자로부터 교섭 또는 단체협약 체결에 관한 권한을 위임받은 자는 해당 노동조합 또는 사용자를 위해 위임받은 범위 안에서 그 권한을 행사할 수 있다고 규정하고 있습니다. 노동조합 혹은 사용자가 교섭 또는 단체협약 체결에 관한 권한을 위임한 때에는 그 사실을 상대방에게 통보해야 합니다.

단체교섭 위임이란 글자 그대로 단체교섭을 직접 담당할 수 있는 교섭권한을 위임하는 것을 말합니다. 단체교섭 담당자를 바꾸는 것이죠. 즉 단체교섭 실무행위자를 정하는 것일 뿐 단체교섭 주체를 바꾸는 것은 아닙니다. 교섭권이나 단체협약 체결권을 위임했더라도 단체교섭의 주체는 여전히 그 노동조합이며, 교섭 결과 역시 그 노동조합에 귀속됩니다. 노무사건 처리를 위해 변호사나 공인노무사를 선임하는 것과 별반 차이가 없다고 이해하면 됩니다.

한편 노조법은 이러한 단체교섭 권한 위임을 허용할 뿐 그 절차 및 방법에 대해서는 아무런 제한규정을 두지 않고 있습니다. 따라서 노동조합 대표자가 직권으로 상급단체 또는 제3자에게 단체교섭권이나 단체협약 체결권을 위임했다고 해도 위법하지는 않습니다.(2003. 2. 25. 노조 68107-76)

그러나 단체교섭권과 단체협약 체결권은 조합원들의 노동조건을 결정짓는 대단히 중요하고 핵심적인 권한입니다. 총회나 대의원회 같은 조합원들의 총의를 반영할 수 있는 적정한 기구에서 의결을 통해 위임 여부를 결정하는 것이 바람직합니다. 가급적이면 위임 절차와 방법을 규약에 정해 놓는 것이 좋습니다.

참고로 산업별 노동조합은 그 자체가 하나의 노동조합입니다. 단체교섭권 및 단체협약 체결권은 산업별 노동조합(대표자)에 있습니다. 기업별 지부(지회·분회 등)는 단위노동조합 내부기구에 불과하므로 원칙적으로 독자적인 교섭권을 갖지 못합니다. 따라서 이 경우에는 산업별 노동조합이 단체교섭의 주체로서 자신의 권한을 행사하는 것이지 기업별 지부의 교섭권을 위임받은 것이 아닙니다. 이와 달리 규약 등에 따라 산업별 노동조합이 기업별 지부에 교섭권을 위임한 경우에는 기업별 지부(대표자)가 단체교섭 담당자로서 위임받은 범위 내에서 교섭권 등을 행사할 수 있습니다.

Q 042
노동조합이 비정규직 정규직화를 요구하자 회사는 인사권에 관한 사항이라며 교섭 대상에 포함할 수 없다고 합니다. 적법한 주장인가요.

비정규직 정규직화 안건 역시
교섭 대상에 포함할 수 있습니다.

실제로 많은 노동조합과 사용자들이 당해 안건에 대해 교섭을 진행하고 그 결과를 단체협약으로 체결하고 있습니다.

인사권 문제이기 이전에 비정규직의 노동조건에 관한 사항입니다. 정규직들의 노동조건에도 영향을 미치기 때문에 당연히 단체교섭 대상이 된다고 봐야 합니다. 예를 들어 인사권 중의 인사권에 속하는 해고와 관련해 해고의 사유·절차 등이 단체교섭의 대상이 되고, 단체협약의 내용이 될 수 있다는 것을 누구도 부인하지 않습니다.

노조법은 "근로조건의 유지·개선 기타 근로자의 경제적·사회적 지위의 향상"(제2조 제4호), "노동조합 또는 조합원을 위하여"(제29조 제1항), "근로조건 기타 노동관계에 관한 사항"(제47조)을 규정하고 있지만 단체교섭 대상에 대해 구체적인 기준을 제시하고 있지는 않습니다. 위법한 사항이 아닌 한 교섭 대상에 제한을 두지 않음으로써 노사관계 제반사항에 관해 당사자들에게 평화적인 대화채널을 보장해 주려는 취지로 판단됩니다. 즉 단체교섭 보장취지와 목적에 비춰 볼 때

① 근로조건에 관한 사항 ② 노동조합 활동에 관한 사항 ③ 기타 노동자의 지위 향상과 직·간접적으로 관련되는 사항은 폭넓게 단체교섭의 대상이 됩니다.

다만 노조법(제2조 제5호)이 노동쟁의를 "근로조건의 결정에 관한 주장의 불일치 상태"라고 규정하고 있어 근로조건의 결정에 관한 사항이 아니면 노동쟁의 조정의 대상이 될 수 없고 쟁의행위의 목적도 될 수 없다고 해석하기도 합니다. 이러한 노동쟁의 조정 및 쟁의행위의 대상과 사실상 동일하게 단체교섭의 소위 의무적 대상을 제한하는 견해도 있습니다. 나아가 정리해고나 구조조정은 사용자의 경영권에 속하는 사항이어서 단체교섭의 대상이 아니라고 본 판례도 있습니다.(대법원 2002. 2. 26. 선고 99도5380 판결)

그러나 법원이 "정리해고나 사업조직의 통폐합 등 기업의 구조조정 실시 여부는 경영주체에 의한 고도의 경영상 결단에 속하는 사항으로서 원칙적으로 단체교섭의 대상이 될 수 없으나, 사용자의 경영권에 속하는 사항이라 하더라도 노사는 임의로 단체교섭을 진행하여 단체협약을 체결할 수 있고, 그 내용이 강행법규나 사회질서에 위배되지 않는 이상 단체협약으로서의 효력이 인정된다"(대법원 2014. 3. 27. 선고 2011두20406 판결)고 판시한 이유는 위법한 것이 아닌 한 단체교섭 대상 역시 노사가 자율적으로 정하고, 자율적으로 교섭을 통해 해결하면 된다는 입장에 서 있기 때문입니다.

Q 043

단체교섭을 하려면
반드시 교섭창구 단일화 절차를
거쳐야 합니까.

 노조법(제29조의2)은 하나의 사업 또는 사업장에 조직형태에 관계없이 노동자가 설립하거나 가입한 노동조합이 2개 이상인 경우에는 교섭대표노동조합을 정해 사용자에게 단체교섭을 요구해야 한다고 규정하고 있습니다. 다만 사용자가 개별교섭(각 노동조합과 각각 교섭하는 것)에 동의하는 경우에는 그렇지 않습니다.

**즉, 복수노동조합 사업장에서는
교섭창구 단일화 절차를 거쳐야 하는 것이 원칙입니다.**

위와 같은 교섭창구 단일화 제도는 전면적인 복수노동조합 설립이 허용된 2011년 7월 1일부터 시행됐습니다. 그전까지는 사업 또는 사업장 단위에서 복수노동조합을 설립하는 것이 금지됐죠. 복수노동조합 설립을 허용하는 대신 그로 인한 노동조합 간 경쟁 심화와 사용자의 교섭비용 증가 등을 방지한다는 취지에서 교섭창구 단일화 제도가 도입됐습니다.

교섭창구 단일화 제도는 그 성격상 교섭대표노동조합으로 선정되지 않은 소수 노동조합의 단체교섭권을 제한하게 됩니다. 단체교섭권이 헌법(제33조 제1항)에 따라 보장되는 기본권이라는 점에서 제도 도입 당시부터 위헌성 논란도 있었습니다. 그러나 헌법재판소는 단체교섭권의 실질적 보장을 위한 불가피한 제도라며 합헌 결정을 내렸습니다.(헌재 2012. 4. 24. 선고 2011헌마338 결정)

그러면 하나의 노동조합만 있는 경우에도 교섭창구 단일화 절차를 거쳐야 할까요. 제도 시행 초기 고용노동부는 하나의 노동조합만 있는 경우에도 일단 교섭창구 단일화 절차를 거쳐야 한다고 보아 그렇게 실무처리를 했습니다. 그러나 대법원은 교섭창구 단일화 제도는 복수노동조합이 존재하는 경우를 전제로 한 제도라는 판단을 내렸습니다.(대법원 2017. 10. 31. 선고 2016두36956 판결)

**따라서 하나의 노동조합만 있는 경우에는
교섭창구 단일화 절차를 거치지 않고
사용자와 단체교섭을 할 수 있습니다.**

한편, 초기업별 노동조합 역시 다른 노동조합이 존재하는 사업 또는 사업장의 사용자와 교섭을 하려면 해당 사업 또는 사업장 내에서 교섭창구 단일화 절차를 거쳐야 합니다. 산업별 노동조합과 같은 초기업별 노동조합이 단체교섭권 및 단체행동권을 행사하기 위해서는 기업 단위에서의 교섭권을 확보해야 하므로, 교섭창구 단일화 제도는 조직형태에 맞는 단체교섭을 가로막는 독소제도로 평가되기도 합니다.

물론 산업별 노동조합의 경우 산업별 사용자단체를 구성하게 해서 전국 단위의 산업별 단체교섭(산업별 노동조합과 산업별 사용자단체가 교섭을 하여 산업별 단체협약 체결)을 진행하기도 합니다. 이 경우 산업별 단체교섭 아래에 지역별 교섭, 지부별 교섭 등 중층적 교섭이 행해지는 경우도 있습니다. 법·제도상 한계가 많지만 산업별 노동조합의 역량을 통해 산업별 단체교섭을 만들어 낸 사례라고 할 수 있죠.

▶ 용어 해설

- 사업 또는 사업장 : 노조법에는 '사업 또는 사업장'이라는 표현이 자주 등장하는데, 사업은 경영상 일체를 이루는 기업체 자체를 의미함. 기업체가 법인인 경우 법인이 하나의 사업이며 노조법상 사업주도 법인이고 교섭단위도 원칙적으로 법인임. 다만, 사업 내 각 사업장별로 근로조건의 결정권이 있고 인사노무관리, 회계 등이 독립적으로 운영되는 등 독립성이 인정되는 예외적인 경우에는 사업장을 하나의 교섭단위로 봄.
- 복수노동조합 : 하나의 사업 또는 사업장 내에 근로자가 조직하거나 가입한 노동조합이 2개 이상인 경우를 말함. 여기서 노동조합은 ① 기업별 노동조합뿐만 아니라 ② 초기업별 노동조합의 지부(지회·분회 등)가 해당 사업 또는 사업장에 설치된 경우와 ③ 해당 사업 또는 사업장의 근로자가 초기업별 노동조합에 개별적으로 가입한 경우를 모두 포함함.

Q 044

교섭창구 단일화 절차를 거쳐 교섭을 하던 중 새로운 노동조합이 설립되면 다시 창구단일화 절차를 진행해야 하나요.

노조법 시행령(제14조의4)은 어느 노동조합이 사용자에게 단체교섭을 요구하면 사용자는 교섭요구를 받았음을 공고하도록 하고 있습니다. 이때 사용자는 교섭에 참여할 다른 노동조합은 언제까지 교섭요구를 하라는 내용도 함께 공고해야 합니다. 이 기간 내에 교섭요구를 하지 않은 노동조합은 교섭창구 단일화 절차에 참여할 수 없습니다. 이후에 설립되는 노동조합도 마찬가지입니다.

따라서 복수노동조합 상황에서 교섭창구 단일화 절차를 거쳐 교섭을 하고 있다면 새로운 노동조합이 설립되더라도 다시 절차를 진행할 필요가 없습니다.

고용노동부는 교섭창구 단일화 절차 중 교섭요구 노동조합 확정 공고 이후에 설립된 노동조합은 그 교섭창구 단일화 절차에 참여할 수 없다는 입장입니다.(「집단적 노사관계 업무매뉴얼」 고용노동부, 2016년 9월) 그러므로 신설 노동조합은 그 교섭창구 단일화 절차에서 결정된 교섭대표노동조합의 지위유지기간이 끝난 후 다시 교섭창구 단일화 절차가 개시될 때까지는 단체교섭에 참여할 수 없습니다.

교섭요구 노동조합 확정 공고 이후에 설립된 노동조합이나 교섭창구 단일화 절차에 참여하지 않은 노동조합은 교섭대표노동조합이 체결한 단체협약의 적용을 받지 못합니다. 노동위원회는, 사용자와 별도로 교섭해서 단체협약을 체결할 수도 없고 설령 단체교섭을 하더라도 결렬됐을 때 노동위원회에 노동쟁의 조정신청을 할 수 없다고 보고 있습니다.(「복수노조 업무 매뉴얼」 중앙노동위원회, 2019년 12월)

그러면 복수노동조합이 아닌 경우에는 어떨까요. 앞에서 교섭창구 단일화 제도는 복수노동조합인 경우에만 해당된다고 했습니다. 노동조합이 하나인 경우에는 교섭창구 단일화 절차를 거칠 필요 없이 사용자에게 교섭요구를 할 수 있죠. 그런데 대법원은 하나의 사업 또는 사업장에 노동조합이 하나인 경우에는 설령 교섭창구 단일화 절차를 거쳤어도 노조법상 교섭대표노동조합은 아니라고 판단하고 있습니다.(대법원 2017. 10. 31. 선고 2016두36956 판결) 즉 노조법상 지위유지기간이 보장되는 교섭대표노동조합이 아니라는 것입니다. 따라서 교섭 중에 다른 노동조합이 새롭게 설립되어 복수노동조합 상황이 되면 신설 노동조합이 사용자에게 교섭요구를 하는 순간 교섭창구 단일화 절차가 비로소 개시됩니다.

**따라서 노동조합이 하나인 경우에는 교섭 중에
새로운 노동조합이 설립되면 교섭창구 단일화 절차를 진행해야 합니다.**

교섭창구 단일화 절차를 밟고 있습니다. 교섭요구 노동조합은 어떻게 확정하나요.

교섭창구 단일화 절차는 ① 단체교섭에 참여하려는 노동조합을 정하기 위한 '교섭요구 노동조합 확정 절차'와 ② 그 노동조합들 중에서 교섭대표노동조합을 결정하는 '교섭대표노동조합 결정 절차'로 구분됩니다.

노동조합은 단체협약(임금협약 포함) 유효기간 만료일 이전 3개월이 되는 날부터 사용자에게 교섭을 요구할 수 있습니다. 단체협약이 2개 이상인 경우에는 먼저 도래하는 단체협약의 유효기간 만료일 이전 3개월부터 교섭요구가 가능합니다. 교섭을 요구할 때는 ① 노동조합의 명칭과 대표자의 성명 ② 사무소가 있는 경우에는 주된 사무소의 소재지 ③ 교섭을 요구한 날 현재의 조합원 수를 서면으로 적어 제출해야 합니다.

사용자는 교섭요구를 받은 날부터 7일간 ① 교섭을 요구한 노동조합의 명칭과 대표자의 성명 ② 교섭을 요구한 일자 ③ 교섭을 하려는 다른 노동조합이 교섭을 요구할 수 있는 기한을 명시해서 다른 노동조합과 노동자가 알 수 있도록 공고해야 합니다. 이를 '교섭요구 사실의 공고'라 합니다. 그러면 교섭에 참여하고자 하는 다른 노동조합들은 그 7일의 공고기간 동안 사용자에게 교섭을 요구하면 됩니다. 교섭을 요구할 때는 최초 교섭을 요구한 노동조합이 교섭요구서면에 적었던 것과 같이 위 세 가지 사항을 적어서 서면으로 교섭을 요구해야 합니다.

사용자는 교섭요구 사실의 공고 기간이 끝난 다음 날부터 5일간 교섭을 요구한 노동조합들의 ① 명칭과 대표자의 성명 ② 교섭을 요구한 일자 ③ 교섭을 요구한 날 현재 조합원 수 ④ 공고 내용이 노동조합이 제출한 내용과 다르거나 공고가 안 된 경우에는 공고기간 중 사용자에게 이의를 제기할 수 있다는 사실을 써서 다시 공고해야 합니다. 이를 '교섭요구 노동조합 확정 공고'라 합니다. 만약 이의를 제기한 노동조합이 있고 내용이 타당하다면 사용자는 교섭요구 노동조합 확정 공고 기간이 끝난 날부터 5일간 이의를 제기한 노동조합이 신청한 내용대로 다시 공지하고 그 노동조합에도 통지해야 합니다.

한편, 절차가 복잡하다 보니 법에서 정한 공고기간 일수에 맞지 않게 공고가 되는 경우도 종종 발생합니다. 예를 들어 사용자가 고의가 아니라 법을 잘 모르거나 착오로 교섭요구 사실의 공고를 7일이 아닌 8일간 한 경우 8일째 되는 날 교섭요구를 한 노동조합도 교섭참여 노동조합으로 인정해야 할까요. 잘못된 공고이지만 공고 내용을 신뢰하여 교섭요구를 한 것이고 공고의 효력을 부정하게 되면 그 뒤 후속절차 역시 장기간 미확정 상태로 남아 불합리하게 되므로, 사용자의 공고기간이 다소 법에 맞지 않더라도 중대한 하자로 볼 수 있는 경우가 아닌 한 일단 사실로서 행해진 절차는 유효하다고 판단한 사례가 있습니다.(대전고법 2016. 7. 7. 선고 2016나378 판결)

> ▶ 단체교섭 요구 가능 시점
>
> - 단체협약 유효기간이 2018년 4월 1일부터 2020년 3월 31일까지 2년이고, 임금협약 유효기간이 2019년 1월 1일부터 2019년 12월 31일까지 1년인 경우
> - 최초 도래하는 단체협약(임금협약 포함)의 유효기간 만료일(2019년 12월 31일) 이전 3개월이 되는 날인 2019년 10월 1일부터 교섭요구 가능.
> - 만약 2020년 3월 1일 현재 임금협약의 유효기간이 만료됐으나 갱신되지 않고 있는 상태라면 2020년 3월 1일 현재도 교섭요구 가능.(유효한 단체협약이 없거나 실효된 경우에는 언제든지 교섭을 요구할 수 있음)

교섭대표노동조합을 결정하는 절차를 설명해 주세요.

교섭요구 노동조합으로 확정된 노동조합들(교섭참여 노동조합)은 확정된 날부터 14일이 되는 날까지(자율적 교섭대표노동조합 선정 기간) 자율적으로 교섭대표노동조합을 선정할 수 있으면 그 대표자와 교섭위원 등을 노동조합들의 연명으로 사용자에게 통지해야 합니다.

여기서 교섭요구 노동조합으로 확정된 날이란 ① 사용자의 교섭요구 노동조합 확정 공고에 대해 공고 기간 중 이의가 없는 때에는 확정 공고가 만료되는 날 ② 노동조합의 이의신청에 의한 사용자의 수정공고에 대해 5일간 이의가 없을 때에는 수정공고가 만료되는 날(대법원 2016. 2. 18. 선고 2014다11550 선고) ③ 노동조합의 시정요청에 의해 노동위원회가 교섭요구 노동조합을 결정한 때에는 노동위원회의 결정서가 사용자에게 송달된 날입니다.(대법원 2016. 1. 14. 선고 2013다84643·84650 판결)

그런데 복수노동조합 상태에서 노동조합들이 자율적으로 교섭대표노동조합을 선정하는 경우는 드물겠죠.

자율적으로 교섭대표노동조합을 정하지 못한 경우에는 교섭참여 노동조합 전체 조합원 과반수로 조직된 노동조합이 교섭대표노동조합이 됩니다.

이때 만약 2개 이상의 노동조합이 연합하거나 상대방 노동조합에게 교섭권을 위임하는 방법으로 해당 노동조합들의 조합원 수가 전체 조합원 수의 과반이 되는 경우에는 그 연합한 노동조합들 또는 권한을 위임받은 노동조합도 교섭대표노동조합이 될 수 있습니다.

과반수 노동조합은 자율적 교섭대표노동조합 선정 기간이 만료된 날부터 5일 이내에 사용자에게 노동조합의 명칭과 대표자 및 과반수 노동조합이라는 사실을 통지해야 합니다. 사용자는 통지를 받은 날부터 5일간 그 내용을 공고합니다. 이를 '과반수 노동조합 공고'라 합니다. 공고 기간 내에 다른 노동조합의 이의신청이 없으면 그 과반수 노동조합이 교섭대표노동조합으로 확정됩니다.

만약 과반수 노동조합이 없다면 공동교섭대표단을 구성해야 합니다. 공동교섭대표단에는 조합원 수가 교섭참여 노동조합 전체 조합원 수의 10% 이상인 노동조합만 참여할 수 있습니다. 자율적으로 공동교섭대표단을 꾸릴 경우에는 위에서 얘기한 자율적 교섭대표노동조합 선정 기간이 만료된 날부터 10일 이내에 공동교섭대표단의 대표자·교섭위원 등을 노동조합 연명으로 서명 또는 날인해 사용자에게 통지해야 합니다. 노동조합들 간에 공동교섭대표단 구성 합의가 되지 않을 때는 노동위원회에 공동교섭대표단 구성을 결정해 달라고 신청할 수 있습니다. 노동위원회는 조합원 수 비율을 고려해 공동교섭대표단 구성을 결정합니다.

한편 자율적 교섭대표노동조합 선정 기간(14일) 중에 사용자가 교섭창구 단일화 절차를 거치지 않기로 동의하면, 모든 노동조합들이 독자적으로 사용자와 별도의 교섭을 진행할 수 있습니다.

즉 사용자 동의가 있으면 교섭창구 단일화 절차를 거치지 않고 교섭대표노동조합 없이 각각의 노동조합들이 사용자와 이른바 '개별교섭'을 할 수 있습니다.

사용자가 개별교섭에 동의하는 경우 사용자는 특정 노동조합뿐 아니라 모든 노동조합과 개별교섭을 하여야 합니다. 참고로 사용자가 개별교섭에 동의했더라도 교섭창구 단일화 절차에 참여하지 않은 노동조합이나 사용자의 개별교섭 동의 이후 신설된 노동조합에 대해서는 사용자의 교섭의무가 없다고 봅니다. 한편 개별교섭 동의의 효력은 해당 단체교섭에 한해 유효하므로 이후 유효기간이 만료되는 단체협약부터 교섭창구 단일화 절차가 재개됩니다.(「복수노조 업무 매뉴얼」 중앙노동위원회, 2019년 12월)

> ▶ **교섭창구 단일화 절차 일정표(예시)**
> - 2020년 7월 1일 교섭요구를 한 경우
> - 교섭요구 사실 공고(7일간) : 7월 1~8일(초일 불산입)
> - 교섭요구 노동조합 확정 공고(5일간) : 7월 9~14일(초일 불산입)
> - 교섭요구 노동조합 확정 시점 : 7월 14일 24시(7월 15일 0시)
> - 자율적 교섭대표노동조합 선정 기간(14일간) : 7월 15~28일(초일 산입)
> - 과반수 노동조합이 사용자에게 통지할 수 있는 기간(5일 이내) : 7월 29일~8월 2일(초일 산입)
> - 과반수 노동조합 공고 기간(5일간) : <7월 30일 통보받은 경우> 7월 30일~8월 4일(초일 불산입)
> - 자율적 공동교섭대표단 결정기한(10일간) : <과반수 노동조합이 없는 경우> 7월 29일~8월 7일(초일 산입), <노동위원회가 과반수 노동조합이 없음을 결정한 경우(5일간) : <결정일이 8월 23일인 경우> 8월 23~28일(초일 불산입)
> ※ 기간 산정 방식은 「민법」상의 기간 규정(제157조, 제159조)을 따름. 기간의 말일이 토요일 또는 공휴일이면 그다음 날로 만료되는데(「민법」 제161조), 위에서는 이해를 돕기 위해 일단 토요일 또는 공휴일을 감안하지 않았으므로 실제로는 만료일이 토요일 또는 공휴일인지 여부를 확인해야 함.

교섭창구 단일화 절차도(「복수노조 업무 매뉴얼」 중앙노동위원회, 2019년 12월)

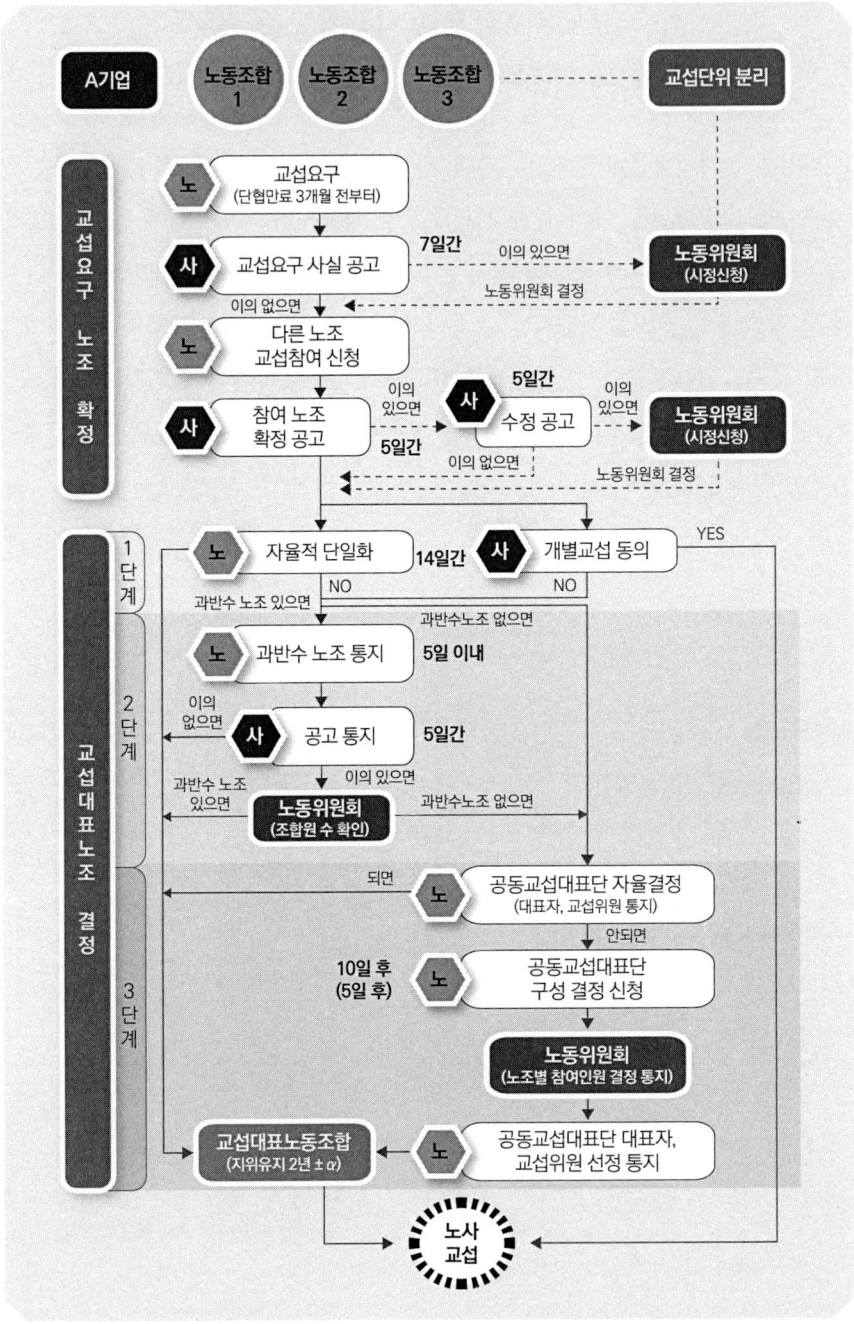

Q 047
교섭요구를 했는데 회사가 교섭창구 단일화 절차를 진행하지 않습니다. 어떻게 해야 하나요.

노동조합이 사용자에게 단체교섭을 요구하면 사용자는 노조법 시행령(제14조의3 제1항)에 따라 교섭요구를 받은 날부터 7일간 교섭요구 사실 공고를 해야 합니다.

노동조합이 교섭을 요구하였음에도 사용자가 교섭요구 사실을 공고하지 않는 경우 노동조합은 노조법 시행령(제14조의3 제2항)에 따라 노동위원회에 시정신청을 할 수 있습니다.

시정신청을 받은 노동위원회는 신청일부터 10일 이내에 회의를 열어, 정당한 이유 없이 사용자가 교섭요구 사실 공고를 하지 않은 경우에는 공고를 하라는 시정명령을 사용자에게 내리게 됩니다.

한편, 정당한 이유 없이 사용자가 교섭요구 사실 공고를 하지 않는 것은 노조법(제81조 제3항)에서 금지하는 단체교섭 거부의 부당노동행위에도 해당할 수 있습니다.[서울행법 2013. 7. 17. 선고 2013구합50678 판결(대법원 2014. 3. 27. 선고 2014두35034 심리불속행 기각판결로 확정)] 따라서 노동위원회에 부당노동행위 구제신청도 할 수 있고 고용노동부에 진정 또는 고소도 할 수 있습니다.

그 외에도 교섭창구 단일화 절차에서 사용자가 각종 공고를 하지 않거나 제대로 하지 않은 경우 등에는 노동위원회에 시정신청, 이의신청, 결정신청을 할 수 있습니다. 노동위원회는 신청을 받은 날부터 모두 10일 이내에 결정을 해야 합니다. 지방노동위원회의 결정에 불복하는 노동조합이나 사용자는 결정문을 받은 날부터 10일 이내에 중앙노동위원회에 재심신청을 할 수 있습니다. 중앙노동위원회의 재심결정에 불복하는 경우에는 결정문을 받은 날부터 15일 이내에 법원에 행정소송을 제기할 수 있습니다. 이때 재심신청이나 행정소송 제기는 애초 노동위원회에 시정신청 등을 한 노동조합뿐만 아니라 교섭창구 단일화 절차에 참여한 다른 노동조합도 가능합니다.

▶ **교섭창구 단일화 절차 관련 노동위원회 사건 유형**

① 교섭요구 사실의 공고에 대한 시정신청 : 교섭요구 내용을 사용자가 공고하지 않거나 다르게 공고한 경우
② 교섭요구 노동조합 확정 공고 이의신청 사실의 공고에 대한 시정신청 : 교섭요구 노동조합 확정 공고 내용에 대해 사용자에게 이의신청을 했는데 그 사실을 공고하지 않거나(교섭요구 노동조합 확정 공고 기간이 끝난 다음 날부터 5일 이내에 시정신청 제기) 다르게 공고한 경우(교섭요구 노동조합 확정 공고에 대한 이의신청 사실 공고가 끝난 날부터 5일 이내에 시정신청 제기). 참고로, 이의신청은 자신이 제출한 내용과 관련된 경우에만 허용되므로 다른 노동조합과 관련된 공고 내용에 대한 이의신청은 허용되지 않음.
③ 과반수 노동조합에 대한 이의신청 : 과반수 노동조합 공고에 대해 이의가 있는 경우(과반수 노동조합 공고 기간 내에 이의신청 제기)
④ 공동교섭대표단 구성 결정신청 : 과반수 노동조합이 없고 자율적으로 공동교섭대표단이 구성되지 않은 경우
⑤ 공동교섭대표단 구성 결정에 대한 이의신청 : 공동교섭대표단 구성과 관련한 조합원 수 및 비율에 대해 이의가 있는 경우

Q 048 어느 쪽이 과반수 노동조합인지 다툼이 있습니다. 어떻게 판단하나요.

A 노조법은 교섭대표노동조합을 확정하는 과정에서 실제 조합원 수를 확인하기 위한 절차는 구체적으로 규정하고 있지 않습니다. 이로 인해 특정 노동조합이 사용자에게 과반수 노동조합임을 통지하고 사용자가 해당 노동조합을 과반수 노동조합으로 공지하는 경우 과반수 노동조합 판단을 위한 조합원 수와 관련해 분쟁이 종종 발생하고 있습니다.

교섭창구 단일화 절차에서 사용자가 각종 공고를 하지 않거나 제대로 하지 않은 경우에는 노동위원회에 시정명령 신청을 할 수 있다고 앞 문항에서 설명했습니다. 과반수 노동조합이 아닌 노동조합을 사용자가 과반수 노동조합으로 공고하는 경우 공고 기간(5일) 내에 노동위원회에 과반수 노동조합에 대한 이의신청을 하여 판단을 받아 볼 수 있습니다.

이의신청을 받은 노동위원회는 ① 각 노동조합에 조합원명부, 조합비 납부 사실을 확인할 수 있는 자료, 노동조합 규약, 단체협약이 있는 경우 단체협약, 그 밖에 조합원임을 증명할 수 있는 서류를 ② 사용자에게는 근로자명부, 조합비 일괄공제 대상 근로자 명단 등의 서류를 제출하게 하거나 출석하게 하여 조합원 수를 조사·확인합니다. 만약 노동조합이나 사용자가 필요한 조사에 따르지 않는 경우 노동위원회는 제출된 자료를 기준으로 조합원 수를 산정합니다.

과반수 노동조합 여부 판단을 위해 조합원 수를 확인하는 기준일은 교섭요구 노동조합 확정 공고일입니다.
(노조법 시행령 제14조의7 제5항)

사용자는 '교섭요구 사실의 공고' 기간인 7일이 끝난 다음 날인 8일째 되는 날에 '교섭요구 노동조합 확정 공고'를 해야 하는데, 바로 이 8일째 되는 날이 조합원 수를 확인하는 기준일인 것이죠.

그런데 만약 사용자가 8일째 되는 날에 교섭요구 노동조합 확정 공고를 하지 않고 다른 날에 공고한 경우, 여기서 말하는 공고일이 실제 사용자가 공고한 날을 의미하는지 법령에 따라 공고했어야 하는 날을 의미하는지 문제가 될 수 있습니다. 만약 실제 공고한 날을 기준일로 삼는다면 사용자가 자의적으로 과반수 노동조합을 결정하는 기준일을 정하는 것이 가능하게 되고 결국 노동조합 간 형평성 문제가 발생할 수 있습니다. 따라서 기준일은 실제 확정 공고를 한 날이 아니라 법령에 따라 정상적으로 진행되었을 경우 확정 공고를 했어야 하는 날입니다.[서울행법 2013. 12. 13. 선고 2013구합18995 판결(대법원 2014. 10. 30. 선고 2014두38750 심리불속행 기각판결로 확정)]

Q 049

조합원이 A노동조합은 200명, B노동조합은 180명입니다. 30명은 두 노동조합에 모두 가입했어요. 각 노동조합 조합원 수는 어떻게 산정하나요.

교섭창구 단일화 절차에서 조합원 수를 산정할 때에는 이중 가입자 30명이 A노동조합과 B노동조합 모두에 조합비를 납부했다면 A노동조합 조합원 수는 185명, B노동조합은 165명으로 봅니다.(아래 산정방식 참조)

조합원 자격은 노동조합 규약에 정한 바에 따르면 됩니다. 조합비를 납부하지 않았더라도 조합원 자격을 제한하지 않을 수도 있습니다. 그러나 교섭대표노동조합을 결정하기 위한 교섭창구 단일화 절차에서는 중복 가입자들에 대해 다른 취급을 하고 있습니다.

그 기준은 '조합비 납부 여부'입니다.

▶ 중복 가입자에 대한 조합원 수 산정방식

- 조합비를 납부하는 노동조합이 1개인 경우 : 그 노동조합의 조합원 수에 1을 더할 것
- 조합비를 납부하는 노동조합이 2개 이상인 경우 : 1을 조합비 납부 노동조합 수로 나눈 후 그 산출된 숫자를 그 노동조합들의 조합원 수에 각각 더할 것
- 조합비를 납부하는 노동조합이 없는 경우 : 1을 가입한 노동조합 수로 나눈 후 그 산출된 숫자를 그 노동조합들의 조합원 수에 각각 더할 것

노조법 시행령(제14조의7 제6항)은 2개 이상의 노동조합에 가입한 조합원에 대해서는 다음과 같은 방식으로 조합원 수를 산정하도록 하고 있습니다.

두 노동조합에 중복 가입한 조합원 수가 30명이고 이들이 두 노동조합에 모두 조합비를 내는 경우라면 1인은 0.5인(1÷2개)으로 계산됩니다. 이 같은 기준에 따라 A노동조합과 B노동조합의 조합원 수를 산정하면 다음과 같습니다.

A노동조합 : (200명-30명) + {30명×(1인÷2개 노동조합)} = 185명

B노동조합 : (180명-30명) + {30명×(1인÷2개 노동조합)} = 165명

조합비 납부 여부가 조합원 수 산정의 기준이 되면서 조합비 납부 인원을 부풀리는 문제가 불거지기도 합니다. 그럴 경우 조합원명부나 조합비 납부를 확인할 수 있는 자료 등에 대한 조사가 필요합니다. 또한 단체협약에 조합비 일괄공제제도가 있음에도 사용자가 그 의무를 게을리하거나 누락해 조합비가 정상적으로 납부되지 않은 것과 같은 특별한 사정이 있는 경우에는 조합비가 납부된 것을 전제로 조합원 수를 계산하는 것이 타당합니다.

참고로 앞 문항에서도 설명했듯이 교섭대표노동조합을 결정하는 과정에서 조합원 수를 산정하는 기준일은 교섭요구 노동조합의 확정 공고일입니다.

Q 050 교섭대표노동조합으로 결정된 후 조합원 수가 감소했습니다. 교섭대표노동조합 지위를 유지할 수 있나요.

A 교섭대표노동조합의 지위는 그대로 유지됩니다.

탈퇴 등의 이유로 조합원 수가 전체 노동조합 조합원의 반수 이하로 감소해도 교섭대표노동조합의 지위유지기간 동안에는 그 지위가 유지됩니다.(2012. 8. 2. 노사관계법제과-2255)

그런데 교섭대표노동조합의 조합원 수가 감소해 전체 조합원의 과반이 되지 못하는 경우 사용자가 단체협약 이행을 거부하는 사례가 발생하기도 합니다. 조합원 수의 급감은 급격한 사정변경이기 때문에 단체협약 해지사유에 해당하고, 단체협약 이행을 요구하는 것은 신의칙에 반한다는 주장이죠. 이런 주장은 타당하지 않습니다. 조합원 수가 급감했다는 사실은 단체협약의 효력을 상실하게 할 만한 사정변경으로 볼 수 없고 단체협약을 유지하는 것이 신의칙에 반한다고 할 수도 없습니다.(대구지법 2013. 12. 15. 선고 2012나60501 판결)

노조법 시행령(제14조의10 제1항)에 따르면 교섭대표노동조합이 결정되면 그 날부터 다음 각각의 경우에 있어 해당 일까지 교섭대표노동조합의 지위를 유지합니다.

교섭대표노동조합의 지위유지기간 중에 유효기간이 만료되는 각종 단체협약의 갱신을 위한 교섭권은 교섭대표노동조합이 갖습니다.

> ▶ 교섭대표노동조합의 지위유지기간
>
> - ① 교섭대표노동조합으로 결정된 후 사용자와 체결한 첫 번째 단체협약의 유효기간이 2년인 경우 : 그 단체협약의 유효기간이 만료되는 날까지
> - ② 교섭대표노동조합으로 결정된 후 사용자와 체결한 첫 번째 단체협약의 유효기간이 2년 미만인 경우 : 그 단체협약의 효력이 발생한 날을 기준으로 2년이 되는 날까지
> - ③ 적법한 절차에 따라 새로운 교섭대표노동조합이 결정된 경우 : 새로운 교섭대표노동조합이 결정된 때까지
> - 다만 ①과 ②의 경우 교섭대표노동조합의 지위유지기간이 만료됐음에도 새로운 교섭대표노동조합이 결정되지 않았다면 새 교섭대표노동조합이 결정될 때까지 단체협약 이행과 관련해서는 지위 유지

참고로, 위에서 '단체협약의 효력이 발생한 날'이란 단체협약 체결일이 아니라 단체협약에서 그 유효기간의 시작일로 정한 날입니다. 예를 들어 2020년 7월 1일에 임금협약을 체결하면서 2020년 1월 1일로 소급 적용하기로 했다면 2020년 1월 1일이 이 단체협약의 효력이 발생한 날입니다.

만약 동시에 2개의 단체협약을 체결한 경우에는 그 유효기간 시작일이 빠른 단체협약을 첫 번째로 체결한 단체협약으로 보아 이를 기준으로 교섭대표노동조합 지위유지기간을 정하게 됩니다.[창원지법 2017. 1. 11. 선고 2016카합10286 결정 (대법원 2017. 10. 12. 선고 2017마5644 심리불속행 기각결정으로 확정)](2018. 1. 10. 노사관계법제과-101)

**그런데 교섭대표노동조합으로 결정된 날부터
1년 동안 단체협약을 체결하지 못하면
다른 노동조합이 사용자에게 교섭을 요구할 수 있습니다.**

이렇게 되면 교섭대표노동조합 결정을 위한 교섭창구 단일화 절차가 다시 개시되는 것이죠.

Q 051

교섭대표노동조합이 소수 노동조합의 의견을 전혀 수렴하지 않고 교섭을 진행하고 있습니다. 어떻게 대응해야 하나요.

A 교섭대표노동조합이 되지 못한 노동조합은 독자적으로 단체교섭권을 행사할 수 없다 보니 노조법은 소수 노동조합을 보호하기 위한 제도를 두고 있습니다. 사용자와 교섭대표노동조합에 교섭창구 단일화 절차에 참여한 노동조합 또는 그 조합원을 합리적 이유 없이 차별하지 못하도록 하는 공정대표의무제도입니다.(노조법 제29조의4 제1항)

그런데 어느 정도까지 조치를 취해야 공정대표의무를 이행한 것으로 볼 수 있는지에 대해 노조법은 구체적인 내용을 마련하고 있지 않습니다. 결국 현장에서 공정대표의무와 관련된 다툼이 빈번히 발생하고 있는 실정입니다.

대법원은 공정대표의무 범위에 대해 ① 단체교섭의 과정이나 ② 그 결과물인 단체협약의 내용뿐만 아니라 ③ 단체협약의 이행 과정에서도 준수되어야 한다고 보고 있습니다.(대법원 2018. 9. 13. 선고 2017두40655 판결)

나아가 공정대표의무는 불합리한 차별을 해서는 안 된다는 소극적 의미에 그치는 것이 아니라 경우에 따라서는 소수 노동조합이 받는 불합리한 차별을 제거하기 위해 노력해야 하는 적극적 의무까지 포함하는 것으로 볼 수 있습니다.(서울고등법원 2017. 3. 30. 선고 2016누70088 판결) 따라서 교섭대표노동조합은 단체교섭의 진행 과정에서 소수 노동조합의 의견을 적극적으로 수렴해야 할 뿐 아니라 소수 노동조합의 의견이 단체협약에 반영될 수 있도록 노력해야 합니다.

다만, 교섭요구안을 선택할 때 각 의제의 중요성 판단, 교섭력 집중과 목표달성을 위한 전략 선택 등에 관해 교섭대표노동조합의 재량권이 넓게 인정되는 이상 교섭대표노동조합이 소수 노동조합의 요구안을 배제한 것이 무조건 공정대표의무 위반에 해당한다고 보기는 쉽지 않을 것입니다.

어쨌건 교섭대표노동조합은 단체교섭 과정에서 소수 노동조합의 의견을 들어야 할 뿐 아니라 기본적으로 교섭진행상황과 결과 등을 소수 노동조합과 공유해야 하겠습니다.

교섭대표노동조합이나 사용자가 공정대표의무를 준수하지 않는 경우 노동위원회에 공정대표의무 위반 시정신청을 할 수 있습니다.

소수 노동조합이나 그 조합원에 대한 차별이 인정되는 경우에는 그 차별에 합리적인 이유가 있다는 점은 교섭대표노동조합이나 사용자에게 입증책임이 있습니다.(대법원 2018. 8. 30. 선고 2017다218642 판결) 즉 합리성을 증명하지 못하면 공정대표의무 위반이 됩니다.

노동위원회는 단체교섭 과정, 단체협약 내용, 단체협약 이행 과정에서 불합리한 차별이 존재한다고 인정하면 시정에 필요한 명령이나 결정을 내립니다. 확정된 시정명령을 위반한 교섭대표노동조합이나 사용자에게는 3년 이하 징역 또는 3천만원 이하의 벌금이 부과됩니다.

Q 052

단체협약을 체결하면서 소수 노동조합에는 사무실을 제공하지 않기로 했는데, 공정대표의무 위반 아닙니까.

공정대표의무는 단체교섭의 과정뿐만 아니라 단체협약 내용에도 준수되어야 합니다. 여기서 말하는 단체협약 내용에는 조합원의 근로조건에 관한 규범적 부분뿐 아니라 노동조합 활동과 관련된 채무적 부분도 포함됩니다.

따라서 합리적인 이유 없이 근로시간면제 시간 배분, 노동조합 사무실 등에서 소수 노동조합을 차별한다면 공정대표의무 위반에 해당합니다.

특히 노동조합 사무실은 노동조합의 존립과 발전에 필요한 일상적인 업무가 이루어지는 중요한 공간입니다. 사용자가 단체협약 등에 따라 교섭대표노동조합에 상시적으로 사용할 수 있는 노동조합 사무실을 제공한 이상 특별한 사정이 없는 한 교섭창구 단일화 절차에 참여한 다른 노동조합에도 반드시 일률적이거나 비례적으로는 아니더라도 노동조합 사무실을 제공해야 합니다.(대법원 2018. 9. 13. 선고 2017두40655 판결)

따라서 소수 노동조합에만 조합 사무실을 제공하지 않기로 하는 내용의 단체협약은 공정대표의무 위반 소지가 큽니다.

근로시간면제 시간 배분도 공정대표의무 위반 다툼이 많이 발생하는 사안입니다. 반드시 조합원 수에 비례하여 근로시간면제 시간을 배분해야 하는 것은 아니지만 소수 노동조합에 근로시간면제 시간을 전혀 배분하지 않거나 조합원 수와 비교하여 과도하게 적게 배분한 것은 공정대표의무 위반에 해당할 수 있습니다.

이 밖에 성과급 차별, 근무시간 중 조합원 교육시간 등 노동조합 활동시간 차별, 신입사원 교육시간 중 노동조합 소개시간 차별, 교섭대표노동조합의 창립기념일만 유급휴일로 한 경우, 사내 각종 협의·심의기구에 교섭대표노동조합만 참여할 수 있도록 정한 경우, 단체협약이 아닌 다른 형식으로 근로조건을 결정할 수 있도록 교섭대표노동조합에 포괄적으로 위임한 단체협약 내용 등도 법원이 공정대표의무 위반이라고 판단한 사례들입니다.

단체협약 내용에 불합리한 차별이 있는 경우 단체협약 체결일부터 3개월 이내에 노동위원회에 공정대표의무 위반 시정신청을 할 수 있습니다. 단체협약을 이행하는 과정에서 불합리한 차별이 있는 경우에는 차별행위가 있은 날부터 역시 3개월 이내에 시정신청을 할 수 있습니다.

사용자의 공정대표의무 위반은 부당노동행위 아닌가요.

Q 053

사용자의 공정대표의무 위반이 노동조합 간 차별을 통한 지배·개입 의사에 기인한 것이라면 부당노동행위에 해당할 수 있습니다.

공정대표의무를 위반한 사용자의 행위가 곧바로 부당노동행위가 되는지 여부에 대해서는 논란이 있습니다.

부당노동행위는 노동삼권을 침해하는 사용자의 행위로서 노동조합 운영 및 활동에 지배·개입하거나 정당한 조합활동을 이유로 불이익한 취급을 하는 것을 말합니다. 부당노동행위는 사용자의 노동삼권 침해 의사를 전제로 하는 것이므로, 공정대표의무를 위반했다고 해서 곧바로 부당노동행위가 되는 것은 아니라고 해석할 수도 있습니다.

공정대표의무의 주체는 교섭대표노동조합과 사용자이지만 부당노동행위의 주체는 사용자로 국한됩니다. 공정대표의무 위반에 대해서는 확정된 노동위원회의 시정명령을 위반한 경우에만 처벌이 되는 반면 부당노동행위는 확정된 노동위원회의 구제명령을 위반한 경우뿐만 아니라 부당노동행위 그 자체가 처벌 대상입니다.

노조법(제81조)에는 부당노동행위 유형이 열거돼 있는데요. 교섭대표노동조합과 다른 교섭참여 노동조합 간, 또는 소속 조합원들 간의 차별은 법조문에 열거되어 있는 유형은 아닙니다. 부당노동행위는 그 자체가 형사처벌 대상이기 때문에 엄격한 죄형법정주의 원칙(범죄와 형벌은 법률로 정해야 한다는 원칙)상 법률로 정해진 유형 외에는 처벌이 불가능하므로 공정대표의무 위반을 그 자체로 부당노동행위라고 볼 수는 없다는 견해도 있습니다.

그러나 노동조합 간 차별의 불합리성이 명백해 사용자의 공정대표의무 위반이 인정되는 경우에는 특별한 사정이 없는 한 부당노동행위에 해당한다고 보는 것이 타당하다고 판단됩니다.

**불합리한 차별을 받은 노동조합은
노동위원회에 공정대표의무 위반 시정신청과 함께
부당노동행위 구제신청을 제기할 수 있습니다.**

고용노동부나 검찰에 부당노동행위 혐의로 사용자를 고소할 수도 있습니다.

교섭단위를 분리하려면 어떻게 해야 하나요.

교섭단위란 교섭창구 단일화 절차가 진행되는 단위를 말합니다. 노조법(제29조의3 제1항)은 하나의 사업 또는 사업장을 하나의 교섭단위로 정하고 있습니다. 사업체가 법인인 경우 그 법인이 하나의 사업이며 교섭단위 역시 원칙적으로 법인입니다.

산업별 노동조합과 같은 초기업별 노동조합이라 하더라도 기본적으로는 기업별 지부·지회·분회가 존재하는 사업 또는 사업장 단위로 교섭을 요구하고 교섭창구 단일화 절차를 밟아야 합니다.

이렇듯 이른바 1사 1교섭이 원칙이지만 노조법(제29조의3 제2항)은 하나의 사업 또는 사업장에서 현격한 근로조건의 차이, 고용형태, 교섭 관행 등을 고려하여 교섭단위를 분리할 필요가 있다고 인정되는 경우에는 교섭단위를 분리할 수 있도록 예외 조항을 두고 있습니다.

여기서 교섭단위를 분리할 필요가 있다고 인정되는 경우란 별도로 분리된 교섭단위에 의해 단체교섭을 진행하는 것을 정당화할 만한 현격한 근로조건의 차이, 고용형태, 교섭 관행 등의 사정이 있고, 이로 인하여 교섭대표노동조합을 통하여 교섭창구를 단일화하는 것이 오히려 근로조건의 통일적 형성을 통해 안정적인 교섭체계를 구축하고자 하는 교섭창구 단일화 제도의 취지에도 부합하지 않는 결과를 발생시킬 수 있는 예외적인 경우를 의미합니다.(대법원 2018. 9. 13. 선고 2015두 39361 판결)

교섭단위 분리는 노동위원회가 노동조합과 사용자 양쪽 또는 어느 한쪽의 신청을 받아 결정합니다.

교섭단위 분리는 노동위원회의 전속권한입니다. 노동조합과 사용자가 교섭단위 분리에 합의했다고 해서 노동위원회의 결정 없이 교섭단위를 분리할 수는 없습니다. 같은 논리로 노동위원회가 교섭단위 분리 결정을 내렸다면 노사 간 합의만으로 교섭단위를 재결합할 수 없습니다.

지방노동위원회의 결정에 불복하는 당사자는 중앙노동위원회에 재심을 신청할 수 있고 중앙노동위원회의 결정에 불복하는 당사자는 행정소송을 제기할 수 있습니다. 참고로 교섭단위 분리신청을 한 노동조합이나 사용자만이 아니라 당해 사업장 내 다른 노동조합들도 재심신청 및 행정소송을 제기할 수 있습니다.

교섭단위 분리신청은 교섭창구 단일화 절차 중에는 할 수 없습니다.

즉 ① 사용자의 교섭요구 사실 공고 전에 또는 ② 교섭대표노동조합 결정 이후에만 할 수 있습니다. 분리신청이 제기되면 노동위원회의 결정이 나올 때까지 교섭창구 단일화 절차가 중단됩니다. 절차 중복에 따른 혼란을 예방하자는 취지입니다.

노동위원회는 신청일부터 30일 이내에 결정을 내려야 합니다. 이 기간을 감안하면 최소한 단체협약 유효기간 만료일 4개월 전에 교섭단위 분리신청을 하는 것이 바람직합니다. 교섭단위 분리 결정이 나면, 분리된 교섭단위(예를 들어 서울 본사와 대구 지사, 정규직과 비정규직, 사무직과 생산직)마다 별도로 교섭창구 단일화 절차를 진행하게 됩니다.

Q 055 단체협약 유효기간 중에 사용자에게 보충교섭을 요구할 수 있을까요.

 노사관계 당사자는 단체협약을 체결한 경우에는 협약 내용을 준수해야 합니다. 단체협약 유효기간 중에는 단체협약에서 이미 정한 근로조건이나 기타 사항의 변경 또는 폐지를 요구하는 쟁의행위를 하지 않을 의무를 가집니다. 이른바 평화의무죠. 단체협약의 주요한 효력 중 하나입니다. 원칙적으로 단체협약 유효기간 중에는 내용의 변경 또는 폐지를 목적으로 하는 보충교섭(추가교섭)이나 재교섭 요구를 상대방이 거부할 수 있다고 해석됩니다.

그러나 이러한 평화의무는 단체협약에 규정되지 않은 사항까지 효력이 미치는 것은 아닙니다. 단체협약 유효기간 중에도 기존 단체협약에 규정되지 않은 사항에 관해서는 사용자에게 단체교섭을 요구할 수 있습니다.(대법원 2003. 2. 11. 선고 2002두9919 판결) 단체협약이 형식적으로 유효하더라도 무효라고 주장할 만한 특별한 사정이 인정되는 경우에도 기존 단체협약의 개폐를 위한 단체교섭을 요구할 수 있는 것으로 판단됩니다.

기존 단체협약 적용 대상이 아닌 새로운 직종이나 직군의 노동자들이 노동조합에 가입한 경우에는 이들에게 적용할 새로운 단체협약을 체결하기 위해 노동조합은 기존 단체협약 유효기간을 불문하고 사용자에게 단체교섭을 요구할 수 있습니다.

단체협약에 보충교섭 의무 규정이 있다면 노동조합이 사용자에게 보충교섭을 요구할 수 있으며 사용자는 보충교섭에 응해야 합니다. 예컨대 관련 법률의 개폐나 사회적·경제적 여건 변화 혹은 단체협약에 누락됐거나 보충해야 할 필요가 있는 사항에 대해서는 단체협약 유효기간 중에도 추가적인 보충교섭을 실시해 보충협약을 체결할 수 있습니다. 보충교섭이 결렬됐다면 보충협약을 체결하려는 목적의 쟁의행위도 가능합니다.

**단체협약에 누락되거나 부족한 내용을 추가·보충하거나
각종 사정 변경 등에 대비해 단체협약에
보충교섭 의무와 요건·방법을 명시해 놓는 것이 좋습니다.**

노사 쌍방이 동의하면 단체협약의 일부를 재교섭할 수 있도록 단체협약에 규정해 놓았다면 누락이나 사정 변경 등의 경우가 아니더라도 노사합의하에 언제든지 재교섭을 할 수 있습니다.

Q 056
단체교섭 방식과 일정, 교섭위원 처우를 담은 임시협약을 맺었는데요. 이것도 단체협약인가요.

단체교섭 초기에 교섭방식을 합의한 뒤 임시협약 또는 기본협약을 체결하는 사업장 노사가 적지 않습니다.

**임시협약이나 기본협약에
노사관계에 관한 사항이 포함돼 있고,
문서로 작성해 노사 대표자가 서명 또는 날인을 했다면
단체협약으로 볼 수 있습니다.**

단체협약은 노동조합과 사용자(또는 사용자단체) 간 단체교섭의 결과로서, 근로조건 등에 관한 개별적 근로관계 사항과 노동조합 운영·활동 등에 관한 집단적 노사관계 사항에 적용할 제반 내용을 합의한 문서를 말합니다. 노조법(제31조 제1항)은 서면으로 작성해서 당사자 쌍방이 서명 또는 날인을 해야 단체협약 효력이 발생한다고 규정하고 있습니다. 단체협약으로서의 진정성과 명확성이 담보된다면 날인(도장을 찍는 것) 대신 무인(지장을 찍는 것)도 가능합니다.(대법원 1995. 3. 10. 선고 94마605 판결)

이름이 반드시 단체협약일 필요는 없습니다. 단체협정·임금협정·노사합의서 같은 제목을 달더라도 단체협약과 동일시할 수 있을 정도의 내용과 형식을 갖췄다면 유효한 단체협약입니다.

임시협약이나 기본협약의 경우 교섭 절차만 규정하고 조합원의 권리의무에 관한 사항을 정하지 않았다면 규범적 효력(조합원들의 노동조건을 정한 부분이 갖는 강행적 효력)이 없어 일반적인 단체협약으로 볼 수 없다는 입장도 있습니다.(2010. 9. 20. 노사관계법제과-857) 그러나 노사관계에 관한 사항이 담겨 있고 교섭을 통해 노사가 합의한 뒤 서면으로 작성해 쌍방이 서명 또는 날인을 했다면 노조법상 단체협약 요건을 갖춘 것입니다.

한편 합의된 일부 사항을 확인하려는 목적으로 작성한 문서(교섭회의록 또는 잠정합의서 등)는 단체협약으로 보기 어렵습니다. 합의사항을 그대로 단체협약의 내용으로서 효력을 발생시키려는 의사가 있었다고 보기 어려운 데다, 교섭사항 전체에 합의하지 못하면 교섭 자체를 결렬시킬 의도도 있다고 봐야 하기 때문입니다. 다만 교섭회의록이나 잠정합의서라도 단체협약 효력을 갖게 하려는 쌍방의 의사를 분명히 하고 서명 또는 날인을 했다면 단체협약이 될 수 있습니다. 그러므로 불필요한 논란을 없애려면 "단체협약으로서의 효력을 갖는다"는 내용을 명시하는 것이 좋습니다.

참고로 노조법(제31조 제2항)은 단체협약을 체결하면 15일 이내에 행정관청에 신고하도록 규정하고 있는데요. 신고 여부는 단체협약 효력발생에 아무런 영향을 미치지 않습니다.

노동조합 위원장이 조합원들의 의사에 반하는 단체협약을 체결했습니다. 유효한가요.

노조법(제29조 제1항)은 "노동조합의 대표자는 그 노동조합 또는 조합원을 위하여 사용자나 사용자단체와 교섭하고 단체협약을 체결할 권한을 가진다"고 규정하고 있습니다. 이에 따라 단체협약 체결권한은 노동조합 대표자에게 있습니다.

**조합원 다수 의사와 배치되는 내용이라도
노동조합 대표자가 체결했다면
일단 단체협약으로서 효력을 가집니다.**

많은 노동조합이 조합원의 총의를 반영하기 위해 노동조합 대표자가 단체협약 체결에 앞서 조합원 총회 의결을 거치는 이른바 '총회 인준권 조항'을 규약에 두고 있습니다. 법원은 그러한 규약이 노동조합 대표자의 단체협약 체결권을 전면적이고 포괄적으로 제한하는 경우에는, 단체협약 체결권한을 명목에 불과한 것으로 만드는 것이어서 대표자의 단체협약 체결권한을 규정한 노조법에 위반된다고 해석하고 있습니다.(대법원 1993. 4. 27. 선고 91누12257 전원합의체 판결)

그럼에도 노동조합 대표자의 이른바 직권조인이 대다수 조합원의 의사에 반해 독단적으로 행해졌다면 이는 조합민주주의 원칙에 위반된다고 판단됩니다. 대표자의 권한은 노동조합의 민주적 운영과 조화를 이루는 범위 내에서 존중받아야 하기 때문입니다.

노동조합 대표자의 단체협약 체결권을 전면적이고 포괄적으로 제한하는 경우에만 위법한 것이므로, 총회 인준권 조항이 조합원들의 의견을 수렴하는 절차로 기능하고 대표자의 체결권을 원천적으로 제한하는 내용이 아니라고 한다면 그러한 경우까지 위법한 것은 아닙니다.(대법원 2013. 9. 27. 선고 2011두15404 판결)

노동조합 대표자가 규약 등으로 정해 놓은 내부 절차를 따르지 않고 다수 조합원의 의사에 반해 직권조인을 했을 때 노동조합 내부적으로는 징계 대상이 될 수 있습니다. 조합원의 노동조합 의사 형성 과정에 참여할 권리를 침해한 불법행위이므로 조합원들에게 손해배상을 해야 한다고 한 판결도 있습니다.(대법원 2018. 7. 26. 선고 2016다205908 판결)

**가급적 노동조합 규약에 단체교섭 과정을 공개하도록
관련 사항을 규정하고,
단체협약에 '교섭위원 전원의 서명으로 효력이 발생한다'고
명문화하는 게 바람직합니다.**

단체협약은 그 성질상 근로조건 등의 개선을 목적으로 하는 것이지만 근로조건을 후퇴시키는 내용으로 개정하는 것도 가능합니다. 그러나 근로조건을 불리하게 변경하는 내용의 단체협약이 현저히 합리성을 결여해 노동조합의 목적을 벗어난 것으로 볼 수 있는 경우와 같은 특별한 사정이 있다면 그러한 노사 간의 합의는 무효가 됩니다.(대법원 2002. 11. 26. 선고 2001다36504 판결)

단체협약과 취업규칙이 다릅니다.
무엇을 먼저 적용하나요.

Q 058

노조법(제33조)은 "단체협약에 정한 근로조건 기타 근로자의 대우에 관한 기준에 위반하는 취업규칙 또는 근로계약의 부분은 무효로 한다"고 규정하고 있습니다. 무효가 된 부분이나 취업규칙 또는 근로계약에 규정되지 않은 사항은 단체협약에 정한 기준에 따라야 합니다.

**단체협약은 근로조건 및 처우 등과 관련해
취업규칙이나 근로계약보다 우위에 있습니다.
사업장 내에서 가장 상위에 있는 규범입니다.**

단체협약은 조합원들의 근로조건이나 기타 처우와 관련한 내용인 '규범적 부분'과 협약 체결 당사자인 노동조합과 사용자 간의 권리 및 의무관계를 정해 놓은 '채무적 부분'으로 구성됩니다. 규범적 부분은 임금, 근로시간, 휴일·휴가, 안전과 재해보상, 징계 및 해고, 복무규율 같은 내용을 말합니다. 채무적 부분은 노동조합 사무실·전임자 등 노동조합 활동 보장과 교섭 및 쟁의 절차 같은 내용을 의미합니다.

단체협약의 규범적 부분은 원칙적으로 단체협약 체결 당시 노동조합 조합원인 노동자들에게 적용됩니다. 단체협약을 체결하면서 소급해 적용하기로 정한 경우에는 그에 따른 효력이 발생하나, 단체협약 체결 이전 퇴사자에게는 적용되지 않습니다.(대법원 2000. 6. 9. 선고 98다13474 판결)

비조합원들도 노동조합에 가입하면 가입과 동시에 단체협약의 적용을 받습니다. 다만 단체협약 체결 시 그 적용을 예정하고 있지 않았다고 볼 수 있는 다른 직군·직종·사업장 노동자들에 대해서는 그렇지 않습니다. 이들에 대해서는 새로운 단체협약을 체결해야 합니다.

위에서 설명했듯이, 단체협약의 적용을 받게 되면 이에 위반되는 내용의 취업규칙이나 근로계약 내용은 무효가 되며 대신 단체협약 내용으로 대체됩니다.

조합원이 노동조합을 탈퇴하거나 제명되더라도 단체협약의 규범적 내용은 그대로 유지됩니다. 이는 단체협약이 노동조합 탈퇴 이후에도 계속 적용된다기보다는 단체협약 내용이 이미 그 노동자의 근로조건화된 것이므로 탈퇴하더라도 기존 근로조건이 저하되지 않는 것으로 이해하는 것이 맞습니다.

Q 059

"부당해고 판정 시 해고기간 중 임금상당액에 평균임금의 100%를 가산해 지급한다"는 단체협약 조항을 노사가 다르게 해석하고 있습니다. 어떻게 해석해야 할까요.

A 단체협약에 질문 내용과 같은 조항을 뒀다면 일단 사용자의 부당해고로부터 조합원을 보호하고 권익을 두텁게 구제해 주기 위한 것이라 할 수 있겠는데요.

이에 대해 사용자가 단지 1개월분만 평균임금 100%를 가산하는 것이라고 주장하면서 단체협약 해석에 관한 다툼이 발생하기도 합니다. 이 경우는 특정해서 '1개월분'이라는 용어를 두고 있지 않으므로 해고기간 전체에 평균임금 100%를 가산한 금액이라고 해석하는 것이 타당하다고 판단됩니다.

이렇듯 단체협약의 해석상 다툼이 소송으로 이어지기도 합니다.

단체협약은 문서에 기재돼 있는 문언의 내용에 따라 객관적으로 해석하는 것이 원칙입니다. 그런데 문언이 명확하지 않아 당사자 간에 해석을 둘러싼 이견이 있다면 당해 조항을 체결한 동기와 경위, 그 조항의 목적, 당사자의 진정한 의사 등을 종합적으로 고려해 논리와 경험칙에 따라 합리적으로 해석해야 합니다.(대법원 2007. 5. 10. 선고 2005다72249 판결)

단체협약의 해석상 다툼을 예방하기 위해 문구를 가능한 명확하게 작성하고, 교섭 과정과 합의 배경을 꼼꼼하게 기록해 둘 필요가 있습니다. 해석상 다툼의 여지가 있는 문장이 발견되면 즉시 별도의 문서에 노사합의로 해석된 내용을 기재해 두는 것이 좋습니다.

판례는 "단체협약과 같은 처분문서를 해석함에 있어서는, 단체협약이 근로자의 근로조건을 유지·개선하고 복지를 증진하여 그 경제적·사회적 지위를 향상시킬 목적으로 근로자의 자주적 단체인 노동조합과 사용자 사이에 단체교섭을 통하여 이루어지는 것이므로, 그 명문의 규정을 근로자에게 불리하게 변형 해석할 수 없다"는 입장을 보입니다.(대법원 2011. 10. 13. 선고 2009다102452 판결)

단체협약의 위상과 취지에 맞도록
노동자에게 불리하지 않게 해석하는 관점이 올바르다 하겠습니다.

단체협약의 해석 또는 이행방법에 관해 의견의 불일치가 있는 때에는 당사자 쌍방 합의로, 또는 단체협약에서 어느 일방이 할 수 있도록 돼 있는 경우에는 어느 일방이 노동위원회에 그 해석 또는 이행방법에 관한 견해 제시를 요청할 수 있습니다. 노동위원회는 요청을 받은 때부터 30일 이내에 명확한 견해를 제시해야 합니다. 이렇게 제시된 견해가 위법하거나 월권인 경우에는 중앙노동위원회에 재심을 신청할 수 있고, 중앙노동위원회의 결정에도 불복하는 당사자는 행정소송을 제기할 수 있습니다.

Q 060 회사가 노동조합과 사전에 '합의'해야 한다는 단체협약상 조항을 '협의'로 바꾸자고 합니다. 어떤 차이가 있나요.

A 단체협약에 전직·징계·해고 등의 인사처분이나 주요한 방침 결정 및 실시를 노동조합과 합의하에 하거나 또는 사전에 노동조합과 협의하도록 하는 규정을 두는 경우가 많이 있습니다. 인사권이 원칙적으로 사용자의 권한에 속한다고 해도 사용자는 스스로의 의사에 따라 그 권한에 제약을 가할 수 있는 것이므로, 사용자가 단체협약을 통해 인사에 대한 노동조합의 관여를 인정했다면 그 효력은 협약규정의 취지에 따라 결정되는 것입니다.(대법원 1994. 9. 13. 선고 93다50017 판결)

이때 '합의'와 '협의'는 문언 자체만으로도 큰 차이가 있습니다. 법률적으로도 전혀 다른 효과를 발생시킵니다.

기존 단체협약상 합의 규정을 함부로 협의로 바꿔서는 안 됩니다.

협의란 서로 의견을 교환하되 수용할 것은 수용하고 그렇지 않은 것은 하지 않아도 되는 의견 교환 과정을 말합니다. 이에 반해 합의란 당사자 사이 의견의 일치를 의미합니다.

법원에서도 합의와 협의의 의미를 달리 해석하고 있습니다. 단체협약 등에 사전 합의 조항을 두고 있는 경우에는 합의가 되지 않은 인사처분 등은 원칙적으로 무효입니다.(대법원 2010. 7. 15. 선고 2007두15797 판결) 다만 사전 합의 조항이 있더라도 노동조합이 사전 합의권을 남용하거나 스스로 포기했다고 인정되는 경우에는 사용자가 합의 없이 인사처분을 하더라도 유효하다고 해석되므로 주의해야 합니다.

노동조합이 사전 합의권을 남용한 경우란 노동조합의 중대한 배신행위로 인해 합의에 이르지 못했거나, 인사처분의 필요성과 합리성이 객관적으로 명백해 사용자가 노동조합과 사전 합의를 위해 성실한 노력을 다했음에도 노동조합이 합리적 근거나 이유 제시도 없이 무작정 인사처분에 반대함으로써 사전 합의에 이르지 못한 경우 등을 의미합니다.(대법원 2010. 7. 15. 선고 2007두15797 판결)

단체협약에 사전 협의 조항을 두고 있는 경우에는 단지 노동조합의 의견을 인사결정 등에 참고하기 위한 것에 지나지 않으므로, 사전 협의가 제대로 이뤄지지 않았더라도 그 인사결정 등의 효력에는 영향을 주지 않는다는 것이 법원의 일반적인 해석입니다.

더 나아가 협의절차를 거친다고 해도 별다른 효과를 기대할 수 없는 등 특별한 사정이 있는 때에는 사전 협의절차를 아예 거치지 않았어도 유효하다고 판단하고 있기도 합니다.

Q 061

단체협약에 "단체협약상 징계사유로만 징계할 수 있다"고 명시돼 있으면 취업규칙상 징계사유로는 징계할 수 없나요.

질문 내용과 같은 경우 단체협약에 없는 취업규칙상 징계사유로 징계하거나 새로운 징계사유를 취업규칙으로 만들어 적용하는 것은 불가능합니다.

단체협약은 사업 또는 사업장 내 가장 상위의 규범입니다. 단체협약에 위반하는 취업규칙 또는 근로계약 내용은 무효가 되고 단체협약 기준에 따르게 돼 있습니다.

"단체협약상 징계사유에 의해서만 징계할 수 있다" 또는 "단체협약에 정한 사유 이외의 사유로는 징계할 수 없다"고 단체협약에서 정했다면 단체협약에 규정돼 있지 않은 취업규칙 등에서 정한 사유로는 징계를 할 수 없습니다.(대법원 1994. 6. 14. 선고 93나62126 판결) 단체협약에 규정된 사유 이외에 새로운 징계사유를 규정한 회사의 취업규칙은 단체협약에 정한 근로조건, 기타 근로자의 대우에 관한 기준에 위반하는 취업규칙에 해당해 무효이기 때문입니다.

단체협약에 규정돼 있지 않은 사항이라면 취업규칙에서 정한 대로 시행할 수 있습니다. 단순히 "단체협약은 취업규칙에 우선하여 적용한다" 또는 "단체협약에 정하지 않은 사항은 취업규칙에 의하되 노동조건을 저하시킬 수 없다" 정도의 원칙적인 규정을 단체협약에 정해 놓았다면, 이는 단체협약에 정한 사유로만 징계할 수 있다고 특별히 제한한 것이라고 볼 수 없다고 해석됩니다.

아울러 "다음 각 호의 경우에만 징계할 수 있다"가 아니라 "다음 각 호의 경우 징계할 수 있다"는 문구로 단체협약을 체결한 경우에도 단체협약상 징계사유가 아닌 취업규칙상 추가적인 징계사유로도 징계가 가능합니다. 단체협약이 징계사유를 제한하고 있는 것은 아니므로 단체협약에 반하는 사유가 아니라면 취업규칙상 징계사유도 인정되는 것이죠. 단체협약을 작성할 때 이러한 문구상 차이를 유념해야 합니다.

> ▶ 단체협약 작성 시 유의사항
> - 압축적이고 모호한 개념의 용어는 지양하고 최대한 이해하기 쉽고 의미가 명확하게 문구를 작성해야 함. 간결하게 작성하기 어려우면 별지를 사용해 체결 경위와 배경 등을 첨부.
> - "할 수 있다", "…을 원칙으로 한다", "노력한다" 같은 추상적이고 강제력이 없는 문구는 가급적 사용하지 않도록 함.
> - "정당한 조합활동", "적법한 쟁의행위" 같은 표현은 "정당한" 혹은 "적법한"이라는 문구 자체가 다툼의 대상이 될 수 있으므로 사용을 지양함.
> - 사용자에게 명확한 의무를 부과하는 경우 "노동조합에 통지한다" 또는 "노동조합과 협의한다"가 아니라 "노동조합과 합의하에 시행해야 한다" 또는 "노동조합의 동의를 얻어 시행해야 한다"로 명시해야 함.
> - 적용 대상자와 예외 대상자, 절차와 방법, 시행일 등을 자세히 합의해야 함.
> - 체결 전에 반드시 전체 내용을 꼼꼼히 검토해야 함.

 **휴일근로수당 지급률을 통상임금 100% 에서 50%로 축소하는 단체협약을 체결 했는데 취업규칙에는 여전히 100%로 남아 있습니다. 어느 것이 적용되나요.**

 노동관계를 규율하는 법 또는 규범은 '헌법-법률(우리나라가 비준한 국제법·국제조약 포함)-단체협약-취업규칙(노사관행 포함)-근로계약' 순서로 적용합니다. 뒤의 규범이 앞의 규범에 위반되는 경우 그 내용은 무효가 됩니다.

그러나 하위 규범에서 정한 내용이 상위규범의 해당 내용보다 노동자에게 유리한 경우에는 하위규범 내용이 우선 적용됩니다.

이를 '유리 조건 우선의 원칙'이라고 합니다.

단체협약과 취업규칙 또는 단체협약과 근로계약 간에도 이 원칙이 그대로 적용되는가에 대해서는 논란이 있습니다. 일관되게 적용된다고 해석하는 견해도 있지만 그렇지 않다는 견해도 있습니다. 노동조합 조합원들은 자신의 근로조건 결정 권한을 노동조합에 위임한 측면이 있고, 사용자가 이를 악용할 경우 단체교섭권이 무력화될 수 있다는 취지에서 '유리 조건 우선의 원칙' 적용을 부정하는 주장입니다. 이와 함께 단체협약은 노동조합이 사용자와의 대등성을 확보한 상태에서 이룬 노사 자치주의의 실현이기 때문에 비록 단체협약의 내용이 취업규칙이나 근로계약보다 불리하더라도 단체협약의 기준만이 유효하게 적용된다고 해석하기도 합니다.

질문의 사례는 '유리 조건 우선의 원칙'에 대한 또 다른 예외로 볼 수 있습니다.

조금 다른 관점으로 보면 '단체협약 변경 후 취업규칙 미정리'의 문제입니다. 이에 대해 법원은 단체협약 개정에도 불구하고 기존 단체협약과 같은 내용의 취업규칙이 그대로 적용된다면 단체협약 개정은 그 목적을 달성할 수 없으므로, 개정된 단체협약에는 당연히 취업규칙상 유리한 조건의 적용을 배제하고 개정된 단체협약이 우선 적용된다는 내용의 합의가 포함된 것으로 해석하고 있습니다.(대법원 2002. 12. 27. 선고 2002두9063 판결) 단체협약 체결행위는 사실상 취업규칙도 변경한 행위로 봐야 한다고 해석하기도 합니다.(대법원 1993. 3. 23. 선고 92다51341 판결)

결과적으로 휴일근로수당 지급률을 통상임금의 100%에서 50%로 축소하는 단체협약을 체결했는데 취업규칙에는 여전히 100%로 남아 있더라도, 개정된 단체협약에 따라 휴일근로수당 지급률은 통상임금의 50%가 됩니다.

Q 063 노동조합과 회사가 경영이 어렵다는 이유로 체불임금을 탕감하는 합의를 했습니다. 이래도 되나요.

A 협약자치의 원칙상 노동조합과 사용자는 근로조건을 노동자들에게 불리하게 변경하는 내용의 단체협약도 체결할 수 있습니다. 물론 위법한 내용이나 사회질서에 반하는 내용은 노사가 합의하더라도 당연히 무효입니다.

노동조합(대표자)은 조합원들을 대표해 교섭권과 단체협약 체결권을 가집니다. 그렇게 체결된 단체협약의 내용은 그 내용에 반대하는 조합원들에게도 효력이 미칩니다.

다만 개별 조합원들에게 이미 발생한 권리를 처분하는 내용은 단체협약으로 체결할 수 없습니다.

임금채권은 개별 조합원의 권리입니다. 체불임금을 탕감 또는 감액하는 내용의 합의를 할 권한이 노동조합에는 없습니다.

예를 들어 "상여금 등이 통상임금에 포함되지 않았으나 통상임금을 잘못 산정해 발생한 지난 3년간의 각종 체불임금은 더 이상 청구하지 않는다"는 합의는 체불임금 청구권에 대한 포기약정에 해당합니다. 체불임금 청구권은 이미 구체적으로 발생한 것이고, 개별 조합원의 사적 재산영역으로 옮겨져 해당 조합원의 처분에 맡겨진 상태입니다. 개별적으로 동의를 받지 않는 이상 노동조합이 사용자와 단체협약을 통해 체불임금 포기나 지급유예와 같은 처분행위를 할 수 없습니다.(대법원 2002. 4. 12. 선고 2001다41384 판결) 즉 노동조합과 사용자가 개별 조합원의 권리를 소멸 또는 처분하는 약정을 한다면 이는 권한 없는 자의 처분행위이자 제3자에 불리한 계약이기 때문에 무효가 됩니다.

이 밖에도 노동조합이 단체협약을 통해 합의할 수 없는 대상이 있습니다.

정규직 노동자를 계약직으로 전환하는 등 개별 조합원의 근로계약관계상 지위를 바꾸는 것도 불가능합니다. 사실상 기존 근로계약관계를 종료하고 새로운 신분의 근로계약을 체결하는 것과 다를 바 없기 때문입니다.

노동력 제공 의무를 새롭게 만드는 것 역시 마찬가지입니다. "소정근로시간 이외 1주 8시간 연장근로를 한다"는 조항을 예로 들 수 있습니다. 근기법(제53조 제1항)은 당사자 간 합의하에서만 연장근로를 실시할 수 있도록 규정하고 있습니다. 여기서 말하는 당사자란 근로계약상 사용자와 개별 노동자입니다. 따라서 단체협약에 연장근로 관련 조항이 있더라도 개별 조합원이 동의하지 않는 한 연장근로를 실시할 수 없습니다.(대법원 1993. 12. 23. 선고 93누5796 판결) 그리고 "연장근로는 노동조합과 합의하에 실시한다" 같은 조항은 '당사자 동의'라는 연장근로 실시의 법상 요건에 '노동조합 동의'를 추가한 합의라고 해석하는 것이 타당합니다.

단체교섭에서 임금인상을 합의했습니다. 비조합원에게도 적용됩니까.

064

단체협약이 당해 사업장 동종의
노동자 반수 이상에게 적용되고, 비조합원이 단체협약의
적용을 받는 조합원들과 동종의 노동자일 경우
비조합원에게도 단체협약이 적용될 수 있습니다.

원칙적으로 단체협약은 협약 체결 당사자와 그 구성원에게만 효력을 미치므로 비조합원들에게는 적용되지 않습니다. 그러나 노조법은 일정한 요건을 갖춘 경우 비조합원까지 단체협약 효력을 확장할 수 있도록 규정하고 있습니다. 이를 '일반적 구속력'이라고 부릅니다.

노조법(제35조)은 "하나의 사업 또는 사업장에 상시 사용되는 동종의 근로자 반수 이상이 하나의 단체협약의 적용을 받게 된 때에는 당해 사업 또는 사업장에 사용되는 다른 동종의 근로자에 대하여도 당해 단체협약이 적용된다"고 명시하고 있습니다.

'동종의 근로자'란 무엇일까요. 문구 그대로 풀이하면 같은 종류의 근로자라는 뜻입니다. 판례는 단체협약 규정에 따라 단체협약이 적용될 것으로 예상되는 노동자로 해석하고 있습니다. 즉 단체협약 규정에 의해 조합원 자격이 없는 자는 단체협약 적용이 예상된다고 할 수 없어 동종의 노동자가 아니라는 것입니다.(대법원 1997. 10. 28. 선고 96다13415 판결) 업무의 내용과 형태 등이 같더라도 노동조합 가입 대상이 아니면 동종의 노동자가 아니라는 판례의 입장은 이해하기 어렵습니다. 어쨌건 노동조합 가입 대상이 아닌 사업부문·직종·직군·직급의 노동자는 제외하고 반수 이상에 단체협약이 적용되는지를 판단해야 하고, 거기에서 제외된 사람들은 단체협약의 효력이 확장되더라도 적용 대상이 아니라는 것이 판례의 입장입니다.

단체협약의 일반적 구속력은 단체협약 체결시점과 무관하게 요건이 갖춰지면 효력이 발생합니다. 즉 단체협약을 체결한 시점에는 조합원 수가 적어 조합원들에게만 단체협약이 적용됐지만 이후 조합원 수가 동종의 노동자 반수 이상이 되면 동종의 노동자인 비조합원에게도 단체협약이 적용됩니다. 확장되는 대상은 단체협약 내용 중 각종 근로조건을 정해 놓은 규범적 부분에 한합니다.

그러면 어떤 경우에도 비조합원에게는 단체협약을 적용하지 않는다는 노사합의는 유효할까요. 유효하지 않습니다. 일반적 구속력은 강행규정이므로 노사가 단체협약으로 적용을 배제하는 합의를 할 수 없습니다.

한편 일반적 구속력에 관한 요건을 충족하지 못한 경우에도 사용자가 비조합원들에게 단체협약과 동일한 내용의 근로조건을 임의로 적용하는 것은 법률상 아무런 제한이 없습니다.

시내버스 회사 14곳 중 12곳이 공동 단체협약을 체결했습니다. 나머지 회사 노동자들도 단체협약 적용을 원하는데, 가능할까요.

단체협약의 적용을 받는 12개사 노동자가 지역 내 동종 노동자의 3분의 2 이상이라면 나머지 2개사 동종 노동자에게도 단체협약을 적용할 수 있습니다.

**일정한 지역에서 다수 노동자들에게 적용되는
단체협약의 기준을 그 지역의 최저기준으로 정함으로써,
사용자 상호 간의 노동조건 저하 경쟁이나
불공정 경쟁을 방지하는 제도가 있습니다.**

지역 단위로 단체협약의 효력을 확장하는 제도입니다. 이를 단체협약의 '지역적 구속력'이라고 하죠.

노조법(제36조)은 "하나의 지역에 있어서 종업하는 동종의 근로자 3분의 2 이상이 하나의 단체협약의 적용을 받게 된 때에는 행정관청은 당해 단체협약의 당사자의 쌍방 또는 일방의 신청에 의하거나 그 직권으로 노동위원회의 의결을 얻어 당해 지역에서 종업하는 다른 동종의 근로자와 그 사용자에 대하여도 당해 단체협약을 적용한다는 결정을 할 수 있다"고 규정하고 있습니다.

여기서 '하나의 지역'이란 꼭 행정구역상의 지역에 한정되지 않습니다. 단체협약 효력을 확장할 만한 경제적 기초의 동질성 또는 유사성이 있는지 여부로 판단합니다. '동종의 근로자'는 단체협약상 조합원 자격이 있는 자와 비교해 직종 또는 산업별로 근로내용과 형태가 동일 또는 유사한 자를 의미합니다.

이 제도는 단체협약의 일반적 구속력 제도와는 달리 절차적 요건을 필요로 합니다. 즉 단체협약을 체결한 노사 쌍방 또는 어느 일방이 자신들이 체결한 단체협약을 지역까지 적용해 달라는 신청을 행정관청에 해야 합니다. 신청을 받은 행정관청은 결정에 앞서 노동위원회 의결을 거칩니다. 당사자들의 신청이 없더라도 행정관청이 직권으로 노동위원회 의결을 거쳐 결정할 수도 있습니다. 행정관청이 결정한 때에는 지체 없이 공고를 해야 하고, 공고를 해야 효력이 발생합니다.

행정관청의 결정이 나오면 지역 내 동종 노동자들과 그 사용자에게 단체협약이 적용됩니다. 다만 지역적 구속력 제도와 마찬가지로 단체협약의 규범적 부분에 한해 적용됩니다. 회사에 노동조합이 있더라도 마찬가지입니다. 그 노동조합이 산업별 노동조합의 기업별 지부라도 상관없습니다.(2000. 7. 20. 노조 01254-616)

그러나 이러한 결정이 다른 노동조합의 교섭권을 제약하는 것은 아닙니다. 효력확장의 대상이라도 자체적인 교섭을 통해 별도의 단체협약을 체결할 수 있습니다.(대법원 1993. 12. 21. 선고 92도2247 판결)

Q 066 특정 사업부를 다른 회사에 양도하고 고용을 승계한 경우 단체협약도 승계가 됩니까.

A 단체협약도 승계가 됩니다.

임금·근로시간 등 개별적 근로조건에 관한 단체협약의 규범적 부분뿐만 아니라 사용자와 노동조합 사이의 권리·의무관계를 정한 채무적 부분을 포함해 단체협약 전부가 승계됩니다.

노동법에는 기업변동 시 근로관계 승계 여부 등에 관해 명확한 규정이 없습니다. 보통 「상법」에서 다루는 '영업양도'와 관련한 이론을 준용하는데요. 영업양도란 일정한 영업목적에 의해 조직화된 총체인 물적·인적 조직을 그 동일성을 유지하면서 일체로 이전하는 것을 말합니다. 사업자 간 영업의 요소로 인정되는, 유기적으로 결합된 재산을 이전받아 양도인이 하던 것과 같은 영업활동을 양수인이 계속하는 것이죠. 사업자 간에 영업목적의 재산을 이전해 사실상 영업의 동일성을 유지한다면 계약의 명칭을 무엇으로 하건 그 실체는 영업양도로 봐야 합니다.

사업 전체가 아니라 일부를 양도하는 경우에도 인적·물적 시설 등이 일정한 사업을 일관성 있게 수행할 수 있도록 일체성을 유지한다면 역시 영업양도의 법률효과가 발생합니다.

영업양도가 행해지는 경우에는 양도인 회사의 근로관계가 포괄적으로 양수인 회사로 이전됩니다. 따라서 양수인 회사는 양도인 회사 노동자들의 고용을 승계할 의무가 있으며, 기존의 근로관계에서 발생하는 임금지급·노무지시 등과 관련한 모든 권리·의무를 승계합니다.(대법원 2003. 5. 30. 선고 2002다23826 판결)

양도인 회사에 있던 노동조합 역시 승계됩니다.

노동조합이 양도인 회사와 체결한 단체협약 또한 유효하며, 양수인 회사에서도 그 단체협약이 동일한 효력을 갖습니다.

한편, 회사가 합병되는 경우에도 영업양도의 경우와 마찬가지로 합병하는 회사가 합병되는 회사의 근로관계를 포괄적으로 승계합니다. 노동조합과 단체협약 등 집단적 근로관계 역시 마찬가지입니다.(대법원 2004. 5. 14. 선고 2002다23185, 23192 판결)

Q 067 전세계약처럼 단체협약도 자동연장이 가능한가요.

A 단체협약에 '자동연장조항'을 두면 가능합니다.

자동연장조항이란 "단체협약의 유효기간이 경과한 후에도 새로운 단체협약이 체결될 때까지는 이 단체협약의 효력이 존속된다"와 같은 취지의 조항을 말합니다.

단체협약(임금협약 포함)의 유효기간은 최대 2년입니다. 2년 이내이기만 하면 기간의 제한은 없습니다. 유효기간을 정하지 않거나 2년을 초과하는 유효기간을 정한 경우 유효기간은 2년으로 간주합니다.

참고로 단체협약 유효기간은 2년, 임금협약 유효기간은 1년으로 정한 곳이 많습니다. 아무래도 임금과 관련한 내용은 물가인상률이나 회사의 경영사정 등을 반영해 매년 새롭게 책정하는 것이 합리적이기 때문입니다.

유효기간 만료를 전후해 당사자 쌍방이 새로운 단체협약 체결을 위해 노력했음에도 새로운 협약이 체결되지 않는 경우가 있습니다. 이와 관련해 노조법은 별도의 약정이 있는 경우를 제외하고는 종전 단체협약의 유효기간 만료일이 지나더라도 만료일부터 3개월까지는 효력을 갖도록 규정하고 있습니다.

노조법은 위 3개월을 넘어서는 단체협약 효력 연장에 관한 규정도 두고 있습니다.

단체협약 유효기간이 경과한 후에도 새로운 단체협약이 체결되지 않은 때에는, 새로운 단체협약이 체결될 때까지 종전 단체협약의 효력을 존속시킨다는 취지의 별도 약정이 있는 경우에는 그에 따르도록 하고 있습니다. 이러한 취지의 약정이 자동연장조항입니다.

다만 노조법은 자동연장조항이 있더라도 당사자 일방이 단체협약을 해지하고자 하는 날의 6개월 전까지 상대방에게 통고하면 단체협약을 해지할 수 있도록 명시하고 있습니다. 이때 해지통고는 단체협약 유효기간 이후에 하는 것이 일반적입니다. 유효기간 중에 통고를 했다면 그 자체가 무효는 아니지만 유효기간이 끝난 날부터 6개월 뒤 단체협약이 해지되는 것으로 해석합니다.

이 해지통고제도를 사용자들이 악용하여 단체협약을 무력화(무협약 상태)하고 노조탄압 수단으로 쓰기도 합니다. 이에 대응하여 "쌍방이 합의하지 않으면 단체협약을 해지할 수 없다"는 이른바 합의해지조항을 노동조합들이 체결하기도 했는데요. 단체협약 해지권(노조법 제32조 제3항 단서)은 강행규정이므로 합의해지조항은 위법해서 무효라고 본 대법원의 판결이 있습니다.(대법원 2016. 3. 10. 선고 2013두3160 판결)

단체협약을 자동으로 갱신할 수도 있나요.

068

새로운 단체협약을 체결하기 어렵거나 굳이 갱신할 내용이 없는 경우를 감안해 '자동갱신조항'을 둘 수 있습니다.

자동갱신조항은 "단체협약 유효기간 만료 30일 전까지 새로운 단체협약 체결을 위한 교섭 요청을 쌍방 모두 하지 않은 경우 기존 단체협약을 같은 내용으로 다시 체결한 것으로 본다"와 같은 취지의 조항을 말합니다.

이는 단체협약 개정 의사표시를 할 수 있는데도 이를 행하지 않은 것은 종전 단체협약의 계속적인 존속을 묵시적으로 인정한다는 의미로 해석하고, 기존 단체협약과 동일한 내용의 새로운 협약을 체결하는 절차를 생략한 것으로 보는 것입니다.

자동갱신조항과 관련해 당사자의 단체협약 체결권을 박탈하거나 제한하는 것 아니냐는 문제가 제기될 수 있는데요. 이에 대해서는 그렇지 않다는 의견이 일반적입니다.(대법원 1993. 2. 29. 선고 92다27102 판결)

자동갱신 횟수는 제한이 없습니다. 별도 규정이 없는 한 자동갱신이 꼭 1회에 한해야 하는 것은 아닙니다. 이미 1회 자동으로 갱신된 단체협약이라 하더라도 다시 돌아온 유효기간 만료일까지 쌍방 모두 교섭을 요구하지 않으면 그 단체협약은 다시 자동갱신된 것으로 봐야 합니다. 자동갱신은 자동연장과는 다르기 때문에 갱신이 된 이후 어느 일방이 단체협약 해지통고를 할 수는 없습니다.

복수노동조합 사업장이라면
자동갱신조항의 유효성 논란이 생길 수 있습니다.

우선 교섭창구 단일화 절차를 통해 교섭대표노동조합을 결정하는 시기라면 교섭요구를 한 것만으로도 자동갱신조항이 적용될 여지가 없으니 논란도 없겠습니다. 반대로 모든 노동조합이 교섭을 요구하지 않았다면 자동갱신조항이 효력을 발생합니다.

그런데 교섭대표노동조합 지위가 유지되는 기간 중에 유효기간이 만료되는 단체협약이 있고, 소수 노동조합의 교섭요구에도 교섭대표노동조합이 사용자에게 교섭을 요구하지 않았다면 자동갱신조항의 효력은 어떻게 될까요.

교섭대표노동조합이 교섭을 요구하지 않았다고 해서 자동갱신조항의 효력이 당연히 발생한다고 보기는 어렵습니다. 교섭대표노동조합 지위가 유지되는 기간이고 교섭대표노동조합이 교섭권을 갖고 있다 하더라도 소수 노동조합의 교섭요구를 수용해 사용자에게 교섭을 요구하는 것이 바람직하다고 하겠습니다.

단체협약에 노사 동수로 징계위원회를 구성한다는 조항이 있습니다. 단체협약이 해지된 경우 징계절차는 어떻게 되나요.

징계절차에 관한 사항은 단체협약 중에서 조합원들의 근로조건이나 기타 처우와 관련해 규정해 놓은 '규범적 부분'입니다.

규범적 부분은 단체협약 유효기간이 종료되거나 단체협약이 해지돼도 효력이 유지됩니다.

단체협약 유효기간이 만료되고 노조법에 따라 연장되는 3개월이 지나면 단체협약의 효력도 종료되는 것이 원칙입니다. 다만 단체협약의 규범적 부분은 효력이 존속됩니다. 단체협약이 체결되면 단체협약상 근로조건은 개별 조합원 근로계약 속으로 들어가 근로계약의 내용이 돼 버리기 때문입니다. 단체협약이 실효되더라도 규범적 부분의 내용은 이미 개별 조합원의 근로조건이 된 이상 새로운 단체협약이나 근로계약이 체결되기 전까지는 그 내용이 유지되는 것입니다.

그러나 단체협약 체결 당사자인 노동조합과 사용자 간의 권리 및 의무관계를 정해 놓은 '채무적 부분'의 효력은 단체협약이 종료되면 소멸합니다.

단체협약의 규범적 부분은 앞에서도 살펴봤듯이 임금, 근로시간, 휴일·휴가, 안전과 재해보상, 징계 및 해고, 복무규율 같은 사항을 의미합니다. 채무적 부분은 노동조합 활동보장이나 노동조합 사무실 및 전임자 등의 편의제공, 교섭 및 쟁의 절차 같은 사항입니다.

 징계사유 및 징계위원회 구성을 포함해 각종 징계절차 규정은 근기법(제93조 제11호)상 취업규칙으로 정해야 하는 "표창과 제재에 관한 사항"에 해당하므로 근로조건에 포함됩니다. 판례도 단체협약 중 해고사유 및 해고의 절차에 관한 부분을 개별적인 노동조건에 관한 부분으로 보고 단체협약이 실효되더라도 새로운 단체협약이 체결되기 전까지는 근로계약의 내용으로서 유효하게 존속한다고 해석하고 있습니다.(대법원 2007. 12. 27. 선고 2007다51758 판결) 단체협약이 해지되더라도 노사 동수로 징계위원회를 구성해 징계를 해야 합니다.

Q 070
단체협약이 해지되면 노동조합 사무실과 집기를 사용자에게 돌려줘야 합니까.

A 단체협약이 실효됐다고 해서 노동조합 사무실 등을 반드시 반환해야 하는 것은 아닙니다.

앞 문항에서 살펴봤듯이 단체협약이 해지되거나 유효기간이 만료되더라도 규범적 부분은 효력이 지속되는 반면 채무적 부분은 실효되는 것이 원칙입니다. 개별적인 근로조건을 규정해 놓은 규범적 부분과 달리 노동조합 활동 보장이나 노동조합 사무실 및 전임자 등의 편의제공, 교섭 및 쟁의 절차 등에서 단체협약의 체결주체인 노동조합과 사용자 간의 권리 및 의무관계를 규정해 놓은 채무적 부분은 단체협약이 종료되면 소멸합니다.

그런데 단체협약도 계약이므로 단체협약 실효 후 채무적 부분은 「민법」 등 일반 사법상 계약원리를 적용받습니다. 단체협약상 사용자가 노동조합에 사무실을 제공하는 것은 「민법」(제609조)에서 말하는 '사용대차'에 해당합니다.(대법원 2002. 3. 26. 선고 2000다3347 판결) 사용대차는 당사자 일방이 상대방에게 무상으로 사용 및 수익할 수 있도록 목적물을 주고 상대방은 이를 사용 및 수익한 후 그 목적물을 반환할 것을 약정하는 계약입니다. 사용대차 계약에서도 목적물 반환시기를 정할 수는 있습니다.(「민법」 제613조 제1항) 하지만 반환시기를 정하지 않은 경우에는 목적물의 성질에 의한 사용 및 수익이 종료했을 때 반환할 의무가 발생합니다.(「민법」 제613조 제2항)

　단체협약 유효기간은 목적물 반환시기를 정한 것으로 볼 수 없습니다. 따라서 계약 또는 목적물의 성질에 의한 사용 및 수익이 종료했을 때 반환하면 되는 것이고, 그때란 결국 더 이상 노동조합 활동을 하지 않아 사무실이 필요하지 않은 경우라고 해석해야 합니다. 그러므로 특별한 사정이 없다면 사용자는 단체협약이 실효됐다는 이유만으로 노동조합 사무실 반환을 요구할 수 없습니다. 오히려 사용자의 부당한 노동조합 사무실 반환요구는 노동조합에 지배·개입하는 부당노동행위가 될 수 있습니다.

　판례는 예외적인 사례로 기존 사무실이 너무 커서 적정한 공간으로 대체할 필요가 있거나 사용자가 기존 노동조합 사무실을 다른 용도로 사용할 합리적인 이유가 생긴 경우 등을 들고 있습니다.(대법원 2002. 3. 26. 선고 2000다3347 판결)

　그런 경우가 아니라면 노동조합이 존속하는 한 노동조합 활동과 새로운 단체협약을 체결하기 위한 활동은 지속돼야 하므로 이와 관련한 단체협약 조항의 효력은 유지된다고 보는 것이 협약체결 당사자들의 의사에도 합치하는 해석입니다.

사용자가 단체협약을 위반했습니다. 형사처벌을 받게 할 수 있나요.

단체협약 위반행위에 대한 처벌규정은 있으나 모든 위반행위가 처벌 대상이 되는 것은 아닙니다.

노조법(제92조 제2호)은 단체협약 내용 중에서 다음과 같은 사항을 위반한 경우 1천만 원 이하의 벌금형에 처하도록 벌칙을 두고 있습니다.

▶ 단체협약 내용 중 위반 시 처벌 대상인 사항

① 임금·복리후생비·퇴직금에 관한 사항
② 근로 및 휴게시간, 휴일·휴가에 관한 사항
③ 징계 및 해고의 사유와 중요한 절차에 관한 사항
④ 안전보건 및 재해부조에 관한 사항
⑤ 시설·편의제공 및 근무시간 중 회의참석에 관한 사항
⑥ 쟁의행위에 관한 사항

보다시피 대부분 사용자 의무사항이지만 쟁의행위에 관한 사항처럼 노동조합 의무를 규정한 내용도 포함돼 있습니다. 즉 노동조합도 해당 사항을 위반하면 처벌 대상이 됩니다.

그런데 노조법상 처벌 대상이 아닌 내용을 위반한 경우에는 형사처벌 대상은 아니므로 단체협약 실효성에 한계가 있는 것도 사실입니다.

사용자의 단체협약 위반행위에 대한 민사상 구제수단도 있습니다. 개별 조합원은 사용자의 단체협약 위반에 따라 침해된 근로조건에 대한 시정과 단체협약에 따른 이행을 사용자에게 청구할 수 있습니다. 사용자가 임금에 관한 단체협약을 위반하면 개별 조합원에게는 체불임금이 발생한 것이고, 조합원은 피해자로서 체불임금을 받기 위해 고용노동부에 진정을 하거나 법원에 소송을 제기할 수 있습니다. 근기법상 임금체불로 사용자 처벌을 구하는 고소를 할 수도 있습니다. 단체협약 불이행이 조합원의 개별적 권리를 침해하게 되어 조합원이 사용자 처벌을 요구하는 것은 노조법상 벌칙과는 별개의 문제입니다.

노동조합 역시 사용자에게 계약 위반에 따른 손해배상을 청구할 수 있으나 현실적으로는 손해액 특정이 어려워 쉽지는 않습니다.

따라서 단체협약 이행을 강제하는 장치가 요구됩니다.

예를 들어 "인사발령 시 노동조합과 사전에 협의해야 하며, 위반 시 그 인사발령은 무효로 한다"와 같이 단체협약 위반 시 특정한 법률효과가 발생하도록 규정해 놓을 필요가 있습니다. 아예 노동조합에 배상할 의무와 배상금액을 단체협약에 명시해 두는 것도 하나의 방법일 수 있습니다.

노동조합이
세상을 바꿉니다!

CHAPTER 4
단체행동

Q 072 파업권의 역사와 의미가 궁금합니다.

 노동삼권을 온전하게 실현할 수 있게 해 주는 핵심적인 기본권이 파업권입니다.

신분 및 계급제도를 기반으로 한 봉건주의 사회를 해체시킨 근대 시민혁명을 통해 시민법이 탄생했습니다. 시민법은 계약의 자유를 이야기합니다. 그러나 자본주의 사회에서 개별 노동자와 사용자 간의 관계는 본질적으로 불평등할 수밖에 없습니다. 노동자 개인과 사용자 사이에서 계약의 자유란 사용자가 일방적으로 결정할 자유를 의미하는 것이라고 해도 과언은 아닙니다.

노동삼권은 자본주의 사회에서 노동자의 '인간으로서의 존엄성'을 자본권력과 국가권력으로부터 지켜 내고 불평등을 교정하기 위해 자연적으로 형성된 것입니다. 자본주의 초기인 18세기에 서구 각국은 파업은커녕 노동조합을 조직하는 것조차 법으로 금지했습니다. 영국의 단결금지법이 대표적인 예입니다. 1870년대를 전후해 이러한 법들이 폐지되고 노동조합이 합법화됐으며, 파업에 대한 형사면책과 민사면책도 이뤄졌습니다.

파업권은 이러한 노동삼권을 완성하는 권리라 할 수 있습니다. 파업권이 없다면 노동조합을 만들고 단체교섭을 하더라도, 부당한 처우를 개선해 내거나 사용자와 실질적으로 대등한 관계에서 노동조건을 결정하기란 대단히 어렵습니다.

> ▶ '헌법재판소 1996. 12. 26. 선고 90헌바19 결정' 중 재판관 5인의 위헌의견
> "근로자의 단체행동권이 전제되지 않은 단체결성이나 단체교섭이란 무력한 것이어서 무의미하여 단체결성이나 단체교섭권만으로는 노사관계의 실질적 대등성은 확보될 수 없으므로, 단체행동권이야말로 노사관계의 실질적 대등성을 확보하는 필수적인 전제이다. 그러므로 근로3권 가운데 가장 중핵적인 권리는 단체행동권이라고 보아야 한다."

노동자가 자신의 노동조건 결정 과정에서 배제되고 그것이 사용자와 그 밖의 제3자나 국가에 의해 일방적으로 결정되는 것은 정의에 반하는 일입니다. 헌법이 노동삼권을 기본권으로 보장하는 것은 노동자가 단결을 통해 제반 노동조건 결정 과정에 실질적으로 관여하는 것을 적극적으로 보장하려는 취지입니다.

각각의 노동삼권은 고유한 권리이므로 파업권 역시 그 자체로 고유하고 독자적인 권리로서 지위를 가집니다. 파업권 행사는 단체교섭권의 내용과 범위에 의해 제한돼서는 안 됩니다. 파업권이 오로지 사용자와의 교섭을 목적으로 하는 것이라고 볼 까닭이 없는 것이죠. 헌법상 단체행동권은 노동조건 향상을 위해 자주적으로 선택할 수 있는 단체행동의 자유로 볼 수 있기 때문입니다. 노동조건 향상은 사용자와의 단체협약 체결을 통해서만 이뤄지는 것은 아닙니다. 국가와의 관계에서 사회적 차원의 노동정책과 고용대책 마련을 위한 정치적 행동의 자유까지 포함됩니다. 오늘날 대부분 노동조건은 사실 국가의 정책과 노동입법 등에 의해 정해집니다. 그러므로 노동정책과 고용대책에 대한 국가의 의무를 촉구하는 정치파업이나 노동자들이 공동의 요구를 실현하기 위한 연대파업은 파업할 자유의 본질적 내용에 포함됩니다.

그러나 오늘날 한국 사회에서 노동자들의 파업은 여전히 형사처벌의 위협 아래 놓여 있는 것이 현실입니다. 업무방해죄 같은 것이 대표적입니다. 손해배상과 가압류를 비롯해 파업권을 제약하는 숱한 제도적 장치들이 존재합니다. 1800년대 영

국과 독일의 노동자들은 파업권은 고사하고 노동조합을 만드는 것조차 법으로 금지당하고 처벌받는 상황이었습니다. 그러나 이에 굴하지 않고 노동조합으로 단결하기를 멈추지 않았고, 노동자들의 사회적·경제적 지위 향상을 위해 파업을 했습니다. 노동자들이 현실의 법을 넘어 단결하고 투쟁하기를 멈추지 않았기에 지금의 노동삼권이 존재할 수 있었습니다.

**법과 제도의 틀에 갇히지 않는,
새로운 법을 만들려는 노동자들의 단결된 투쟁만이
노동자들의 새로운 미래를 만들어 낼 수 있습니다.**

노동조합의 일상 조합활동과 쟁의행위는 어떻게 구분하나요.

Q 073

노동조합의 일상적인 조합활동과 쟁의행위를 구분하는 중요한 기준은 '업무저해성' 여부입니다.

노조법(제2조 제6호)에서 쟁의행위는 업무의 정상적인 운영을 저해하는 행위로 정의하고 있습니다.

노동조합의 내부 단결력 유지·강화를 위해 이루어지는 일상 조합활동은 조합원 모집, 가입 권유, 조합원 교육, 집회, 유인물 배포, 현수막 게시, 머리띠·조끼 착용 등 다양합니다. 쟁의행위는 대표적으로 노무제공을 집단적으로 거부하는 행위인 전면파업·부분파업이 있고, 일은 계속하는데 일의 양이나 질을 떨어뜨려 사용자에게 손해를 입히는 태업이 있습니다. 물론 쟁의행위 시기에도 집회, 현수막 게시 등 일상 조합활동의 모습을 띤 행위가 수반되기도 합니다.

이렇게 일상 조합활동은 특별히 법의 제한을 받지 않고 자유롭게 이루어지지만 쟁의행위의 경우에는 조정절차, 쟁의행위 찬반투표 등 사전 절차를 요구한다는 데 차이가 있습니다.

따라서 같은 노동조합 활동이라도 쟁의행위의 일환으로 행하려면 사전 절차 등 법적 요건을 갖춰야 합니다.

업무의 정상적인 운영을 저해하는 행위로서 노동조합 활동이 법적 요건을 갖추지 못한 경우 위법시비가 제기될 수도 있습니다.

한편, 사업장 내 조합활동은 사용자 시설관리권의 제약을 받습니다. 그러나 노동삼권이 보장되기 때문에 시설관리권에 따른 규율이나 제약도 합리적인 범위 내에서 노동조합 활동과 조화를 이루어야 합니다. 노동조합이나 조합원들이 조합활동을 할 때 반드시 사용자의 허가를 받아야만 하는 것이 아니고, 시설관리권의 본질적인 부분을 침해하지 않는다면 정당한 조합활동을 할 수 있습니다.(대법원 1992. 6. 23. 선고 92누4253 판결, 대법원 1996. 9. 24. 선고 95다11504 판결 등)

예를 들어 출퇴근 버스가 정차하는 곳 근방의 건물 담벼락이나 나무 등에 노동조합 가입이나 활동을 알리는 현수막을 게시하는 경우에 사용자의 허락을 얻어서 할 필요가 없습니다. 그 장소에 현수막을 게시한다고 하여 사용자 시설관리권의 본질적 내용을 침해할 일이 없기 때문입니다. 회사 인트라넷·공용이메일을 통한 조합활동 공지, 회사업무로 사용되지 않는 시간에 해당 공간을 교육장소로 제공하는 것 등도 노동삼권 보장 취지에 비추어 본다면 허용되어야 합니다. 노동조합은 가능한 한 단체협약에 필요한 시설의 사용을 명시하여 두는 것이 좋습니다.

최근 대법원은 산업별 노동조합 간부들이 「산업안전보건법」 위반 증거수집 등을 할 목적으로 공장에 들어간 행위가 공동주거침입죄에 해당하는지에 대해 근로조건의 유지·개선을 위한 조합활동으로서 필요성이 인정되고 그 활동으로 사측 시설관리권의 본질적인 부분을 침해했다 볼 수 없다며 무죄를 선고한 바 있습니다.(대법원 2020. 7. 29. 선고 2017도2478 판결)

Q 074 산업별 노동조합의 지부·지회도 파업을 할 수 있나요.

A 지부 또는 지회 단위로도 파업을 할 수 있습니다.

산업별 노동조합은 산업별 사용자단체와 산업별 단체교섭(산별교섭)을 진행하고 그 결과물로 산업별 단체협약(산별협약)을 체결합니다. 참고로 노조법에 산업별 단체교섭이 제도화돼 있지 않고 교섭창구 단일화 절차는 오히려 사업장별 교섭을 전제로 하고 있어 산업별 단체교섭에 현실적인 어려움이 있습니다. 그럼에도 현재 전국금속노동조합·전국금융산업노동조합·전국보건의료산업노동조합 같은 산업별 노동조합들이 사용자단체 구성을 강제해 내면서 전국 단위 산업별 단체교섭을 진행하고 있습니다.

**산업별 단체교섭이 결렬되는 경우
산업별 노동조합 전체가 파업을 할 수 있습니다.**

산업별 단체교섭 결렬의 결과로서만이 아니라 국가가 추진하는 특정 산업정책이나 입법에 반대하거나 혹은 입법과 정책을 촉구하면서 산업별 노동조합 전체가 파업을 하기도 합니다. 이렇게 체결된 산업별 단체협약은 그 산업 전체 노동자를 적용범위로 정하는 방식으로, 또는 단체협약의 효력 확장제도를 통해 노동조합에 가입하기 어려운 노동자들에게도 적용할 수 있습니다. 그렇게 함으로써 산업별 노동조합은 그 산업 전체 노동자들을 대표하는 노동조합으로서 사회적 기능을 수행합니다.

산업별 노동조합은 소속 기업별 지부가 설치돼 있는 해당 기업 사용자와 각각의 교섭을 하기도 합니다. 이러한 형태의 교섭을 대각선 교섭이라고 합니다. 산업별 노동조합의 지역별 지부 차원에서 해당 지역 사용자들과 지역 단위 산업별 단체교섭을 하기도 합니다.

산업별 노동조합의 기업(사업장)이나 지역 단위 교섭이 결렬되는 경우 산업별 노동조합의 해당 기업별 지회나 지역별 지부 단위에서만 파업을 진행할 수 있습니다. 그럴 경우 파업을 결의하는 쟁의행위 찬반투표는 해당 기업별 지회 또는 지역별 지부 단위 조합원들만을 대상으로 하면 되고, 그 단위에서 재적 조합원 과반수 찬성으로 의결해야 합니다.(대법원 2004. 9. 24. 선고 2004도4641 판결)

중요한 것은 파업의 주체는 산업별 노동조합이라는 사실입니다. 산업별 노동조합의 이름으로 노동쟁의 조정절차와 쟁의행위 찬반투표 등의 절차를 진행하고, 단체협약 체결 역시 지부장이나 지회장에게 위임하지 않은 한 산업별 노동조합 위원장이 해야 합니다. 다시 말해 지부나 지회 단위로 파업을 할 수 있다는 것이지, 지부나 지회에 독자적인 파업권이 있다는 의미는 아닙니다.

파업을 하려면 어떤 절차를 거쳐야 합니까.

075

파업을 하려면 쟁의행위 찬반투표와 노동쟁의 조정절차를 거쳐야 합니다.

파업권 행사가 필요한지는 노동자와 노동조합이 판단합니다. 노조법은 많은 절차적 제약을 가하고 있는데, 대표적인 것이 파업에 앞서 사전 절차를 요구하는 것입니다. 판례에서 파업의 절차적 정당성을 검토할 때 주로 보는 것이 조합원 찬반투표와 조정절차를 거쳤는지 여부입니다.

단체교섭이 결렬돼 노동쟁의가 발생하면 노동조합 또는 사용자는 노동위원회에 노동쟁의 조정신청을 합니다. 노사가 합의해 조정인을 정할 수 있는 경우에는 그 조정인에게 조정을 받는 이른바 사적조정을 할 수도 있습니다.

일반 사업장 조정기간은 10일이고, 공익사업장 조정기간은 15일입니다. 양 당사자가 모두 동의하는 경우 일반 사업장은 10일의 범위 내에서, 공익사업장은 15일의 범위 내에서 조정기간을 연장할 수 있습니다. 조정신청서가 접수되면 노동위원회는 조정기간 중 두세 차례 조정회의를 열어 노사 입장을 확인하고 조정을 진행합니다.

> ▶ 노조법상 공익사업장
>
> - 공익사업(노조법 제71조 제1항) : 공중의 일상생활과 밀접한 관련이 있거나 국민경제에 미치는 영향이 큰 사업으로서 ① 정기노선 여객운수사업 및 항공운수사업 ② 수도사업·전기사업·가스사업·석유정제사업 및 석유공급사업 ③ 공중위생사업과 의료사업 및 혈액공급사업 ④ 은행 및 조폐사업 ⑤ 방송 및 통신사업
> - 필수공익사업(노조법 제71조 제2항) : 위 공익사업 중 그 업무의 정지 또는 폐지가 공중의 일상생활을 현저히 위태롭게 하거나 국민경제를 현저히 저해하고 그 업무의 대체가 용이하지 않은 ① 철도사업과 도시철도사업 및 항공운수사업 ② 수도사업·전기사업·가스사업과 석유정제사업 및 석유공급사업 ③ 병원사업 및 혈액공급사업 ④ 한국은행사업 ⑤ 통신사업

대개 노동조합은 노동위원회 조정기간 중에 쟁의행위 찬반투표를 합니다. 상황에 따라 다를 수 있지만 조정기간 만료 시점을 보통 쟁의행위 돌입시점으로 잡는 경우가 많기 때문에 그전에 이러한 절차를 모두 마치게 됩니다. 노동조합의 판단에 따라 파업 시기를 늦출 수도 있습니다.

쟁의행위 찬반투표는 노동조합의 민주적 운영 차원에서 조합원들의 의사를 묻는 것입니다.

**노조법상 쟁의행위 결의는 직접·비밀·무기명 투표로 해야 하고
재적 조합원 과반수 찬성으로만 행할 수 있습니다.**

한편 복수노동조합이 있다면 쟁의행위 찬반투표는 교섭창구 단일화 절차에 참여한 모든 노동조합(교섭참여 노동조합) 조합원을 대상으로 해야 합니다. 예컨대 교섭대표노동조합은 A노동조합이지만 다른 B노동조합이 교섭에 참여했다면 두 노동조합 조합원 전체를 대상으로 찬반투표를 실시하고, 전체 재적 조합원의 과반수 찬성을 얻어야 쟁의행위를 할 수 있습니다.

만약 B노동조합이 A노동조합과 입장이 다르거나 혹시라도 소위 어용노동조합

인 경우에는 그만큼 쟁의행위에 들어가기 어려워지고 제약을 받게 됩니다. 교섭창구 단일화 제도의 폐해 중 하나입니다. 결국 교섭대표노동조합인 A노동조합은 쟁의행위 찬반투표 과정을 B노동조합 조합원들을 설득하고 조직하는 과정으로 생각하고 대응할 수밖에 없습니다.

위와 같은 절차적 요건을 지키지 못했다고 해서 무조건 일률적으로 쟁의행위 정당성이 상실되는 것은 아닙니다.(대법원 1991. 5. 4. 선고 90누4006 판결) 하지만 특별한 사정이 없는 한 이러한 절차규정을 위반한 경우 쟁의행위 정당성이 부정될 수 있으므로 유의해야 합니다.

Q 076

산업별 노동조합이 파업을 결의하는 경우 조합원 재적 과반수 찬성 요건은 소속 기업별로도 충족해야 하나요.

A 그렇지 않습니다.
산업별 노동조합 전체 조합원을 기준으로 판단합니다.

산업별 노동조합은 산업별 단체교섭을 통해 산업별 단체협약을 체결합니다. 산업별 단체교섭이 결렬된 경우 산업별 노동조합 전체가 파업에 돌입할 수 있습니다.

이때 쟁의행위 찬반투표는 산업별 노동조합 전체 조합원을 대상으로 실시합니다. 재적 조합원 과반수 찬성 여부는 개별 사업장별로 각각 재적 과반수를 충족했는지를 보는 것이 아니라 전체 산업별 노동조합 재적 조합원의 과반수 찬성이 있었는지를 따지면 됩니다.

업종별 노동조합과 지역별 노동조합 같은 초기업별 노동조합이 업종별·지역별 교섭을 진행하는 경우에도 마찬가지입니다.

산업별 단체교섭을 하다가 소속 기업별 지부가 설립돼 있는 사업장별로 교섭하는 방식으로 전환했더라도 산업별 노동조합 전체가 쟁의행위를 결의하는 것이라면 산업별 노동조합 전체 조합원을 대상으로 찬반투표를 하면 됩니다.(대법원 2009. 6. 23. 선고 2007두12859 판결)

즉 쟁의행위가 예정된 조직 단위 조합원 전체를 상대로 쟁의행위 찬반투표를 실시하면 충분합니다. 기업 단위별로 과반수 찬성 여부를 확인할 필요는 없습니다.

특정한 사업장에만 적용되는 단체협약을 체결하고자 당해 사업장에서만 쟁의행위를 한다면 해당 사업장 조합원들만 찬반투표에 참여하면 됩니다. 다만 산업별 단체교섭과 사업장 단위 단체교섭이 중첩적으로 이뤄지는 상황이라면 논란을 없애기 위해 쟁의행위 찬반투표 시 산업별 노동조합 전체 단위와 각 사업장 단위에서 모두 과반수 찬성을 충족하는 것이 좋을 것입니다.

Q 077

조정 과정에서 노동위원회가 행정지도 결정을 내리면 파업을 할 수 없나요.

노동위원회가 행정지도 결정을 내렸다는 것만으로 노동조합이 파업권을 행사하지 못하는 것은 아닙니다.

노동위원회는 조정절차를 통해 조정을 한 결과를 조정안으로 제시합니다. 노사 모두 조정안을 수락하면 조정이 성립합니다. 그럴 경우 조정안은 조정서가 되고 단체협약과 동일한 효력을 가집니다. 노동쟁의가 종료되고 교섭이 타결되는 것이죠. 노사 어느 일방이라도 조정안을 거부하면 조정절차는 그대로 종료됩니다. 노동조합은 조정절차를 거쳤기 때문에 쟁의행위를 할 수 있습니다.

노동위원회는 ① 당사자 간의 주장에 현격한 차이가 있거나 ② 조정안을 내는 것 자체가 노사관계에 바람직하지 않다고 판단하면 조정안을 내놓지 않은 채 조정을 종료하는데요. 흔히 조정중지 결정이라고 합니다. 이때도 조정절차가 종료된 것이니 노동조합은 쟁의행위를 할 수 있습니다.

문제는 노동위원회가 조정안 제시 또는 조정중지 결정을 하지 않고 행정지도를 하는 경우입니다.

행정지도란 말 그대로, 조정 대상이 아니라는 이유 등으로 노동위원회가 조정을 하지 않을 테니 다른 방법을 알아보라고 지도하는 것을 말합니다. 행정지도 대상은 ① 조정신청을 할 수 있는 당사자가 아닌 경우 ② 노동쟁의가 아니라고 판단하는 경우 ③ 조정 대상이 아니라고 보는 경우 등입니다.

조정신청을 할 수 있는 당사자가 아니라고 보는 경우는 노조법상 노동조합이 아니거나 노조법상 사용자 지위에 있지 않은 자를 상대로 조정신청을 할 때입니다. 노동위원회는 복수노동조합인 경우에는 교섭창구 단일화 절차를 거친 교섭대표 노동조합만이 조정신청권자라고 해석합니다.

노조법(제2조 제5호)은 노동쟁의를 "임금·근로시간·복지·해고 기타 대우 등 근로조건의 결정에 관한 주장의 불일치로 인하여 발생한 분쟁 상태"로 정의하고, 주장의 불일치에 대해서는 "당사자 간에 합의를 위한 노력을 계속하여도 더 이상 자주적 교섭에 의한 합의의 여지가 없는 경우"라고 규정하고 있습니다.

따라서 노동위원회는 새로운 근로조건을 결정하는 과정에서의 분쟁(이익분쟁)이 아니라 임금체불이나 부당해고 문제와 같이 기존 근로조건의 불이행이나 해석상 발생한 분쟁(권리분쟁)은 노동쟁의가 아니라고 해석합니다. 또한 '주장의 불일치'가 돼야 노동쟁의이므로 자주적 교섭에 의한 합의의 여지가 남아 있다고 판단하는 경우 노동쟁의가 발생하지 않은 상태로 해석하므로 조정 대상이 아닌 것이 됩니다.

노동위원회는 노조법 규정을 기본으로 해서 조정 대상을 판단하기 때문에 권리분쟁 사항뿐만 아니라 해고자 복직, 정리해고 계획 철회 등 소위 필수적 교섭 대상이 아니라고 보는 사항에 대해서도 조정 대상이 아니라고 판단하고 있습니다.

판례는 반드시 조정결정을 한 뒤에 쟁의행위를 해야만 절차가 정당한 것은 아니라면서, 행정지도 결정이 내려졌다는 이유만으로 그 이후 진행된 쟁의행위의 정당성이 상실되는 것은 아니라고 해석하고 있습니다.(대법원 2001. 6. 26. 선고 2000도2871 판결) 노동조합이 조정신청을 했고 노조법상 조정기간이 지났다면 노동위원회가 조정결정을 했든 안 했든 상관없이 조정절차를 거친 것으로 봐야 한다는 것입니다.

다만 노동위원회가 행정지도 결정을 내리면 고용노동부나 검찰은 노동쟁의가 아니라고 보고 쟁의행위를 할 수 없다고 판단하기 때문에 현실적으로는 많은 제약이 발생할 수 있습니다. 행정지도 결정을 받지 않도록 철저히 대응할 필요가 있습니다.

Q 078

노동위원회에서 행정지도가 나오지 않게 하려면 어떻게 대응해야 할까요.

그간 사회적 비판여론으로 노동위원회가 행정지도 결정을 내리는 빈도는 많이 줄어들었습니다. 그럼에도 여전히 행정지도 결정이 내려지고 있습니다.

원칙적으로는 노동위원회가 스스로 조정 대상이 아니라고 판단하는 경우에는 조정중지 결정을 내리고, 이후 행해진 쟁의행위 정당성 여부에 대해서는 사법부의 판단에 맡기는 것이 타당하다고 판단됩니다.

어쨌건 노동조합은 행정지도 결정이 내려지지 않도록 노력해야 합니다. 조정신청 당사자로서 자격 여부와 관련해서는 다음과 같은 대응을 할 수 있습니다.

하청 회사 노동조합이 원청 회사를 상대로 조정신청을 한 경우에는 원청 회사가 하청 회사 노동자들의 근로조건 등을 결정하는 실질적 지위에 있으며 노사관계에서 지배력을 갖고 있다는 사실을 인정받아야 합니다.

'주장의 불일치'가 발생하지 않았고 이른바 '교섭미진'이라는 이유로 행정지도가 내려지지 않도록 주의해야 합니다.

우선 사용자의 교섭거부 등 노동조합에 귀책사유가 없는 교섭미진의 경우에는 노동위원회도 노동조합에 불리한 행정지도 결정을 하지 않고 조정중지 또는 조정안을 제시할 수 있도록 하고 있습니다.(「조정 및 필수유지 업무 매뉴얼」 중앙노동위원회, 2018년 1월) 사용자 귀책사유로 교섭이 진행되지 못했음을 충분히 주장해 조정중지 결정을 받는 것이 중요합니다.

교섭미진 여부에 대한 판단은 대단히 주관적인 것인 만큼 객관적인 외양을 갖춰야 합니다. 심지어 행정지도를 유도할 목적으로 사용자가 교섭을 회피하거나 단체협약안의 대부분 조항에 이견을 달면서 교섭진척을 어렵게 하는 사례도 있습니다. 교섭미진으로 판단되지 않도록 단체협약안 앞부분에 쟁점사항이 있더라도 일단 쟁점사항은 이견을 확인하는 것으로 넘어가고 단체협약안 전체에 대한 교섭을 진행해야 합니다. 실질적인 교섭이 행해지지 않더라도 반드시 교섭요구 공문을 내용증명 우편으로 보내고 교섭 차수와 기간을 최소 네댓 차례, 1개월 이상 채울 필요가 있습니다.

조정 대상을 둘러싼 논란이 불거졌다면 어떻게 해야 할까요. 주된 핵심 사항이 다른 내용이라 하더라도 교섭 과정에서는 가급적 근로조건의 결정에 관한 사항을 반드시 교섭 대상에 포함하고, 핵심 사항이 타결되지 않으면 일괄타결을 요구하며 함께 조정 대상에 포함시키면 됩니다.

조정제도의 취지는 파업이나 단체교섭을 전제로 하는 개념이 아닙니다. 노사 간에 분쟁이 생긴 사항이라면 무엇이든 원만하게 해결될 수 있도록 조력하는 것이 조정이라고 볼 수 있습니다.

조정 대상이 아니라는 결론은 조정제도의 존재를 부정하는 것이므로 이러한 점을 적극 지적해야 합니다.

또한 임금을 비롯한 근로조건의 결정에 관한 사항에 집중해 조정을 해 달라고 적극 요구하는 것이 바람직합니다.

파업기간에 회사에서 농성을 해도 괜찮을까요.

079

결론부터 말하면 괜찮습니다.

배타적이고 전면적인 점거행위가 아니라면 직장점거 농성은 쟁의행위의 한 수단으로 적법합니다.

직장점거는 쟁의기간 중에 노동자들이 기업시설 내에 머물면서 집회나 시위를 계속하는 형태로 이뤄집니다. 파업과 같은 주된 쟁의행위의 실효성을 확보하기 위해 기업시설을 점거하는 형태의 쟁의행위입니다.

외국에서는 직장점거가 쟁의행위의 흔한 형태가 아닙니다. 반면 우리나라에서는 과거 기업별 노동조합으로만 노동조합 조직형태를 제한하면서 사업장 내에서만 쟁의행위를 하도록 노동삼권을 제한했던 노동법의 역사로 인해 오래전부터 보편화돼 왔습니다. 법원도 과거 법·제도로 인한 역사성을 반영해 직장점거를 적법한 쟁의행위의 한 형태로 인정해 왔습니다.

노조법(제42조 제1항)은 "쟁의행위는 폭력이나 파괴행위 또는 생산 기타 주요업무에 관련되는 시설과 이에 준하는 시설로서 대통령령이 정하는 시설을 점거하는 형태로 이를 행할 수 없다"고 규정하고 있습니다.

대통령령이 정하는 시설은 △전기·전산 또는 통신시설 △철도(도시철도 포함)의 차량 또는 선로 △건조·수리 또는 정박 중인 선박(선원법상 선원이 당해 선박에 승선하는 경우 제외) △항공기·항행안전시설 또는 항공기의 이착륙이나 여객·화물의 운송을 위한 시설 △화약·폭약 등 폭발위험이 있는 물질 또는 유독물질(「화학물질관리법」 제2조 제2호)을 보관·저장하는 장소 △기타 점거될 경우 생산 기타 주요업무의 정지 또는 폐지를 가져오거나 공익상 중대한 위해를 초래할 우려가 있는 시설로서 고용노동부 장관이 관계중앙행정기관의 장과 협의해 정하는 시설입니다. 그 외 시설에서의 점거농성은 가능하다고 보는 것이 일반적인 해석입니다.

쟁의행위는 노동자들이 소극적으로 노무제공을 거부하거나 정지하는 행위만이 아니라 적극적으로 그 주장을 관철하기 위해 업무의 정상적인 운영을 저해하는 행위까지 포함하는 것입니다. 쟁의행위의 본질상 사용자의 정상적인 업무가 저해되는 것은 부득이한 것으로서 사용자는 당연히 이를 인정하고 받아들여야 할 의무가 있습니다.

직장 또는 사업장 시설 점거는 위와 같은 적극적인 쟁의행위의 한 형태입니다. 점거의 범위가 직장 또는 사업장 시설의 일부분이고 사용자의 출입이나 관리·지배를 배제하지 않는 한 정당한 쟁의행위입니다.(대법원 1991. 6. 11. 선고 91도383 판결) 정당한 직장점거 농성을 하고 있다면 사용자는 퇴거를 요구할 수 없습니다.

회사 안에서 집회를 할 때 알아 두어야 할 것이 있을까요.

080

먼저 사업장 내 집회는
「집회 및 시위에 관한 법률」(집시법)상
집회 신고 대상이 아니므로 신고할 필요가 없습니다.

집시법은 옥외집회나 시위를 주최하려는 자에게 사전에 관할 경찰서장에게 신고를 하도록 규정하고 있습니다. 이때 '옥외집회'란 천장이 없거나 사방이 폐쇄되지 않은 장소에서 여는 집회를 말합니다. '시위'는 여러 사람이 공동의 목적을 가지고 도로·광장·공원 등 일반인이 자유로이 통행할 수 있는 장소를 행진하거나 위력 또는 기세를 보여, 불특정한 여러 사람의 의견에 영향을 주거나 제압을 가하는 행위입니다.

언뜻 생각하기에 회사 안이라도 실내가 아니라면 옥외집회처럼 보일 수 있습니다. 그렇지만 대법원은 집시법상 신고 대상인 옥외집회가 아니라고 판단하고 있습니다. 집시법은 집회 및 시위가 공공의 안녕질서와 충돌할 때 적용하는 법입니다. 공간 자체가 옥외이기는 하나 외부인 출입이 통제·차단돼 그곳에서 집회를 개최하더라도 인근 거주자나 일반인의 법익과 충돌하거나 공공의 안녕질서에 해를 끼칠 것으로 예견되지 않을 뿐 아니라 일반적인 사회생활질서의 범위 안에 있는 행위로 평가된다는

것이 대법원의 판단입니다.(대법원 2013. 10. 24. 선고 2012도11518 판결)

다만 일반인들이 통행하는 공간인 회사 정문 앞 집회는 집시법상 사전 신고 대상입니다. 또한 회사 안이더라도 사업장 특성상 일반인들에게 개방돼 있고 실제로 일반인들이 상시적으로 사용하는 공간에서의 옥외집회는 사전 신고 대상일 수 있으므로 주의를 요합니다.

집회는 쟁의행위기간이 아닌 경우에는 휴게시간이나 출근시간 전, 퇴근시간 후와 같이 근무시간 외에 행해져야 합니다. 쟁의행위기간 중에는 집회 및 시위가 쟁의행위의 한 형태이므로 근무시간 중에도 가능합니다.

사측 관리자들이 집회에 와서 채증을 하고 방해를 하는 행위는 집시법상 집회방해죄에 해당할 수 있습니다.

노조법상 부당노동행위도 될 수 있는 불법행위입니다.

집시법(제3조 제1항, 제2항)은 "누구든지 폭행·협박, 그 밖의 방법으로 평화적인 집회 또는 시위를 방해하거나 질서를 문란하게 하여서는 아니 된다"는 내용과 함께 "누구든지 폭행·협박, 그 밖의 방법으로 집회 또는 시위의 주최자나 질서유지인의 이 법의 규정에 따른 임무 수행을 방해하여서는 아니 된다"고 규정하고 있습니다. 이를 위반한 자에게는 3년 이하 징역 또는 300만 원 이하 벌금형이 부과됩니다. 더구나 군인·검사·경찰관이 위반행위자인 경우에는 벌금형 없이 5년 이하 징역에 처해집니다.

또한 집시법은 집회의 주최자나 질서유지인이 특정한 사람이나 단체의 집회 참가를 막을 수 있도록 하고 있습니다.

이처럼 사업장 내에서의 집회는 집시법상 옥외집회가 아니라서 사전 신고 대상은 아니지만 집시법상 보호를 받는 집회이므로 위 법 조항들이 적용됩니다. 집회방해 및 감시행위는 노동조합의 교섭과 쟁의행위에 지배·개입하는 행위이기 때문에 노조법상 부당노동행위에 해당할 수 있습니다.

사내하청 노동자들도 원청 사업장에서 집회 등 노동조합 활동이나 쟁의활동을 할 수 있나요.

사내하청 회사 노동자들(사내하청 노동조합)도
자신들이 일하는 원청 회사 사업장 내에서
일상적인 노동조합 활동과
쟁의행위 시의 집회, 직장 점거농성도 가능합니다.

최근 대법원은, 원청 회사 사업장은 사내하청 노동조합 소속 노동자들이 실제로 근로를 제공하는 장소로서 이들이 노동조합 활동을 하는 공간이자 파업 등의 쟁의행위를 하는 공간이 될 수밖에 없고 또한 종국적으로 원청 회사 사업주가 이들의 근로제공 결과를 향유하고 있으므로 이에 비추어 원청 회사 사업주에게는 그의 업무에 특별한 방해를 초래하지 않는 범위라면 하청 노동자들의 노동조합 활동을 수인할 의무가 있다고 판결하였습니다.(대법원 2020. 9. 3. 선고 2015도1927 판결)

그 이유는 '기업 내의 근무장소는 노동자들이 자연스럽게 모여 노동조건이나 노동조합에 대한 정보와 의견을 나눌 수 있는 유일한 장소'이므로 노동조합 활동은 노동자가 자신의 근로를 제공하는 장소(공간)에서 이루어질 수밖에 없기 때문입니다.

또 원청 회사 사업주와 하청 회사 간 도급계약에 따르면 원청 회사 사용자는 자신의 사업장 공간을 하청 회사와 그 소속 노동자들이 출입·사용하고 근로를 제공하는 장소로 정하고 있는 것이어서 하청 노동자들의 정당한 기본권의 행사에 대한 수인의무가 도급계약에 내재되어 있다고 볼 수 있습니다.

특히 노동조합 활동은 집회 및 결사의 자유, 단결권 등 노동삼권에 기초한 정당한 기본권 행사이고 하청 노동자들이 하는 업무 성격상 원청 회사 사업주가 전혀 무관한 제3자라고 보기 어렵기 때문에 원청 회사 사업주도 수인의무는 있다고 보는 것입니다.

이렇게 해석하더라도 원청 회사 사업주에게는 피해가 별로 없는 반면에 노동조합 활동을 할 수 없다거나 원청 회사 사업주의 허락하에서만 가능하다고 해석하게 되면 하청 노동자들의 노동삼권은 사실상 유명무실해질 수 있기 때문입니다.

Q 082

노동조합이 회사 내에 게시해 놓은 현수막을 회사가 강제로 철거할 수 있나요.

A 무조건 일방적으로 철거할 수는 없습니다.

사용자에게는 자신이 법적으로 소유하고 있는 물적 시설이나 설비를 적절히 관리하고 그에 필요한 조치를 취할 권리가 있습니다. 이를 시설관리권이라고 부릅니다. 회사 시설 사용과 관련해 단체협약 등으로 정한 것이 있거나 노사 간의 관행이 있다면 그에 따르면 됩니다. 가급적 단체협약으로 이러한 사항을 정해 놓는 것이 좋습니다.

노동조합이 회사 시설 등을 사용해도 특별한 문제가 발생하지 않음에도 사용자들이 노사관계에서 힘의 우위를 차지하려는 의도에서 시설관리권을 강하게 주장하는 경우가 있습니다. 사업수행에 상당한 방해나 손해를 줄 정도가 아니라면 그와 같은 태도는 타당하지 않습니다. 물론 노동조합도 적정한 시설 등을 골라 사용하고 적절히 관리되도록 노력해야 하겠습니다.

단체협약 등에서 정한 것이 없다고 하더라도 반드시 사용자의 동의하에서만 노동조합이 현수막이나 대자보를 게시하거나 회사 강당 및 회의실을 사용할 수 있는 것은 아닙니다. 예를 들어 △사업장은 사업수행 장소이면서 노동조합 활동을 할 수밖에 없는 장소라는 점 △노동삼권을 행사하려면 어느 정도 시설관리권과의 충돌이 불가피하다는 현실적 고려가 필요한 점 △그 사용에 있어서의 구체적인 노동조합 활동의 필요성과 긴급성 △그에 따른 사용자에 대한 배려 정도 △사용시간의 정도 △당해 시설이나 설비의 성격 △시설관리권에 대한 침해 정도 등을 종합적으로 검토해서 정당성을 판단해야 합니다.

**정당성이 인정된다면
이를 침해하는 사용자의 행위는 권리남용이 됩니다.**

▶ 관련 판례

"사업장 내의 노동조합 활동에 있어서는 사용자의 시설관리권에 바탕을 둔 규율이나 제약에 따라야 하지만 그러한 규율이나 제약도 합리적인 범위 내에서 정당한 노동조합 활동과 조화를 이루어야 한다. 그러므로 노동조합이나 조합원들이 조합활동을 함에 있어서 반드시 사용자의 허가를 받아야만 하는 것은 아니고 시설관리권의 본질적인 부분을 침해하지 않는 한도 내에서 사용자의 합리적인 규율이나 제약에 따라 정당한 조합활동을 할 수 있다."(서울고법 2008. 2. 11. 선고 2007라397 판결)

 **노동조합 유인물과 게시판에 쓴 글을 이유로 회사가 명예훼손으로 고소를 했습니다. 어떻게 대응해야 합니까.**

 조합원들의 권익 보호 및 노동조합의 정당한 활동으로 이루어진 것이라면 공익성이 인정돼 명예훼손죄가 성립되지 않습니다.

먼저 진실한 사실이라는 점을 소명해야 합니다. 진실한 사실이란 적시된 사실의 중요 부분이 진실과 합치되는 사실을 말합니다. 세부적으로는 약간의 차이가 있거나 다소 과장된 표현이 있더라도 전체로 봐서 진실과 합치되는 것이면 됩니다. 모든 사람이 기자처럼 정돈된 표현을 사용하기는 어렵기 때문입니다. 하지만 지나치게 모욕적인 표현을 사용하거나 내용을 과장하는 것은 모욕 내지 명예훼손이 될 수도 있고, 노동조합 선전활동의 취지에도 맞지 않으므로 주의해야 합니다.

진실이 아니라 해도 행위자가 그것을 진실이라고 믿을 만한 상당한 이유가 있었다면 위법성이 배제돼 처벌하지 않습니다. 당시의 객관적인 정황이나 알려진 자료 등을 토대로 상당한 이유가 있었다면 그렇습니다. 따라서 확실한 경우가 아니라면 단정적인 표현보다는 "의혹이 있다"는 정도로 표현하는 것이 적절할 것입니다.

다음으로 공공의 이익에 관한 것이어야 합니다. 공공의 이익이란 국가·사회 또는 다수인 일반의 이익을 말하는 것이지만 특정한 집단이나 그 구성원의 관심과 이익에 관한 것도 공공의 이익을 위한 것으로 볼 수 있습니다.(대법원 2001. 10. 9. 선고 2001도3594 판결) 노동조합의 목적 달성과 조합원의 권익 향상·보호를 위한 것이라면 정당한 노동조합의 표현활동으로서 공익에 부합하는 것으로 해석됩니다.

한편, 행위자의 주요한 동기 내지 목적이 공공의 이익에 관한 것이라면 부수적으로 다른 사익적 목적이나 동기가 있더라도 공공의 이익에 관한 것이라고 봅니다.(대법원 1998. 10. 9. 선고 97도158 판결) 또한 오로지 공공의 이익이 유일한 동기일 필요는 없으며 그것이 동기가 되면 족합니다.(대법원 2002. 4. 9. 선고 2000도4469 판결) 공공의 이익에 관한 것인지 여부는 표현된 사실의 구체적 내용과 성질 및 그 표현의 방법 등을 고려해 객관적으로 판단합니다.

회사의 문제점을 지적하고 이를 비판한 글이나 말로 인해 명예훼손으로 고소를 당했다면 그것이 진실한 사실이라는 점, 누가 봐도 진실한 사실로 믿을 수밖에 없는 상황이었다는 점, 그리고 그것이 특정인의 명예를 훼손하려 한 것이 아니라 노동조합 활동의 일환이었음을 소명해야 합니다.

Q 084

노동조합이 파업을 예고하니까 회사에서 계약직 10명을 채용했습니다. 불법 대체근로 아닌가요.

A 파업과 무관하게 원래 예정돼 있던 신규채용이 아니라면 파업 전에 채용하더라도 불법 대체근로가 맞습니다.

노조법(제43조)은 "사용자는 쟁의행위기간 중 그 쟁의행위로 중단된 업무의 수행을 위하여 당해 사업과 관계없는 자를 채용 또는 대체할 수 없다"와 함께 "사용자는 쟁의행위기간 중 그 쟁의행위로 중단된 업무를 도급 또는 하도급 줄 수 없다"고 규정하고 있습니다.

이에 따라 '당해 사업과 관계없는 자'를 채용 또는 대체하거나 도급 혹은 하도급을 주는 것은 위법한 행위입니다. 당해 사업 내 다른 사업장 노동자나 비조합원, 관리자로 하여금 업무를 대체하는 것은 가능합니다.

다음으로 "쟁의행위로 중단된 업무의 수행을 위하여" 채용 또는 대체하거나 도급 또는 하도급을 주는 것은 금지됩니다. 일반적으로 쟁의행위 돌입 이후 임시직 등을 신규로 채용하거나 하도급을 주는 방식으로 대체근로가 이뤄집니다.

그런데 질문처럼 쟁의행위 돌입 이전에 미리 신규채용을 하거나 하도급을 주는 경우는 어떻게 봐야 할지 문제가 됩니다. 노조법 규정이나 입법 취지를 고려하면, 채용 혹은 하도급을 준 시점이 쟁의행위 전이라도 쟁의행위기간 중 쟁의행위 참가 노동자들의 업무를 수행하도록 하기 위해 채용이 이뤄졌고 그 노동자들로 하여금 실제로 그 업무를 수행하게 했다면 역시 위 조항 위반죄를 구성하는 것으로 해석합니다.(대법원 2000. 11. 28. 선고 99도317 판결)

불법 대체근로 투입이 확인됐을 때 노동조합은 사용자에게 투입 중단을 요구하고, 대체근로를 하고 있는 사람들에게도 불법행위에 가담하고 있음을 고지하고 중단할 것을 요청할 수 있습니다. 고용노동부 근로감독관에게 신고해 즉각적인 제지를 요청하거나, 민사상으로 불법 대체근로를 금지해 달라는 가처분 신청을 법원에 제기할 수도 있습니다. 다만 가처분 결정을 받기까지 최소 1개월 이상의 시간이 소요되므로 민사적 법률대응은 실효성 있는 방법이 아닐 수 있습니다.

불법 대체근로가 명백하다면 노동조합이 조직적인 실력을 행사해 그 사람들이 일을 못하게 할 수도 있습니다. 이러한 적극적인 대응이 허용된다고 본 법원 판례도 있습니다.(대법원 1992. 7. 14. 선고 91다43800 판결, 대법원 2020. 9. 3. 선고 2015도1927 판결)

Q 085
파업 돌입 이틀 만에 회사가 직장폐쇄를 하고 사업장 퇴거를 요구하고 있습니다. 적법한 행위입니까.

A 공격적인 직장폐쇄인 만큼 불법으로 판단됩니다.

노조법은 사용자가 노동조합의 쟁의행위에 대항해 직장폐쇄를 할 수 있는 규정을 두고 있습니다.(노조법 제46조) 법원은 사업장 전면 폐쇄뿐만 아니라 일부 폐쇄 또는 파업 참여 조합원들에 대해서만 행하는 직장폐쇄도 가능하다고 봅니다. 직장폐쇄의 본래 취지가 노동조합 파업기간 중 비조합원에 대해서도 사용자의 급여지급 의무를 면할 수 있도록 해 주는 것이라는 점에 비춰 보면 이해하기 어려운 해석입니다.

노조법은 노동조합이 쟁의행위를 개시한 이후에만 사용자가 직장폐쇄를 할 수 있도록 규정하고 있습니다. 또한 노동조합 쟁의행위로 인해 노사 간 교섭력의 균형이 깨지고 오히려 사용자측에 현저히 불리한 압력이 가해지는 상황에서 이를 방어할 목적에서만 그 범위 내에서 직장폐쇄를 할 수 있다고 해석합니다. 다시 말해 직장폐쇄는 방어적이고 수동적인 성격이어야만 그 정당성이 인정됩니다.(대법원 2000. 5. 26. 선고 98다34331 판결)

판례를 보면 노동조합의 준법투쟁 3일 만에 단행된 직장폐쇄 위법성을 인정한 경우(위 판결), 노동조합의 회사 로비점거 하루 만에 행해진 직장폐쇄를 위법하다고 본 사례(대법원 2004. 11. 12. 선고 2004도4745 판결) 등이 있습니다.

그럼 노동조합이 파업을 중단하고 직장복귀의사를 밝혔음에도 직장폐쇄를 유지하는 것은 적법할까요. 노조법은 직장폐쇄 돌입 가능 시점만 규정하고 있습니다. 그러나 파업 중단 의사를 밝혔음에도 직장폐쇄를 지속하는 것은 직장폐쇄의 대항성과 방어성 요건을 상실해서 위법하다고 봐야 합니다. 판례도 직장폐쇄 개시 자체는 정당하더라도 어느 시점 이후 근로자가 쟁의행위를 중단하고 진정으로 업무에 복귀할 의사를 표시했음에도 직장폐쇄를 계속 유지하면서 쟁의행위에 대한 방어적인 목적에서 벗어나 적극적으로 노동조합의 조직력을 약화시키기 위한 목적을 갖는 공격적 직장폐쇄의 성격으로 변질된 경우에는 그 이후의 직장폐쇄는 정당성을 상실한 것으로 본다는 입장입니다.(대법원 2017. 7. 11. 선고 2013도7896 판결)

정당성을 상실한 위법한 직장폐쇄라면 그 기간 동안의 임금을 사용자는 지급해야 합니다.(대법원 2018. 3. 29. 선고 2014다30858 판결)

공격적인 직장폐쇄가 노동조합의 단결력을 붕괴시킬 목적으로 단행됐거나 단지 파업을 무력화하는 수단으로 행해진 것이라면 노동조합에 대한 지배·개입으로 부당노동행위죄가 성립할 수 있습니다.

정당한 직장폐쇄라면 직장을 점거 중인 조합원들에게 퇴거를 요구할 수 있고 불응할 경우 퇴거불응죄가 적용될 수 있습니다. 하지만 노동조합 사무실 등 노동조합 활동과 관련한 시설이나 평소에도 통제되지 않는 식당·기숙사·복리후생시설 등의 장소는 폐쇄할 수 없는 것으로 해석합니다.

파업을 중단하고 직장에 복귀했습니다. 다시 파업을 하려면 조정절차를 또 거쳐야 하나요.

086

동일한 목적과 내용의 쟁의행위라면
조합원 찬반투표와 조정신청 절차를
다시 거치지 않아도 됩니다.

노동조합의 쟁의행위에는 여러 유형이 있습니다. 파업과 직장점거 농성뿐만 아니라 일은 하되 업무 능률을 저하시키는 태업, 다른 노동자들과 시민들에게 쟁의행위에 대한 홍보와 호소로서 참여와 협력을 구하는 피케팅 등이 있습니다.

파업의 경우에도 단순히 소극적으로 일을 하지 않는 방식으로만 진행할 필요는 없습니다. "파업은 노동자의 학교"라는 말이 있듯이, 파업기간 중에 각종 행사나 조합원 교육 프로그램을 배치해서 조합원들의 단결력을 강화하는 기간으로 활용할 수 있습니다.

파업은 전면파업만 있는 게 아닙니다. 조합원들이 조별로 돌아가면서 파업을 하는 순환파업, 파업과 업무복귀를 반복하는 이른바 파상파업도 있습니다. 쟁의행위의 목적과 취지에 맞게 유효적절한 방식을 선택해 파업을 진행하면 됩니다.

▶ 노조법상 금지되는 쟁의행위 유형

- 폭력 및 파괴행위 : 다만 소수 조합원들의 우발적인 폭력 및 파괴행위가 다소간 있었더라도 쟁의행위 자체의 정당성이 상실되지는 않음.(대법원 2003. 12. 26. 선고 2003두8906 판결)
- 사업장 안전보호시설에 대한 정상적인 유지·운영을 정지·폐지 또는 방해하는 행위 : 안전보호시설이란 사람의 생명이나 신체의 위험을 예방하고 위생상 필요한 시설을 말함. 단 사전에 필요한 안전조치를 취해서 사람의 생명이나 신체에 위험이 전혀 발생하지 않은 경우는 가능.(대법원 2006. 5. 12. 선고 2002도3450 판결)
- 노조법상 점거가 금지되는 시설을 점거하는 행위
- 쟁의행위와 관계없는 자 또는 근로를 제공하고자 하는 자의 출입·조업, 기타 정상적인 업무를 방해하는 행위
- 작업시설의 손상이나 원료·제품의 변질 또는 부패를 방지하기 위한 작업을 수행하지 않는 행위

재파업에 돌입할 필요가 있는 경우에는 업무에 복귀할 때 파업의 완전한 종료가 아님을 분명히 해야 합니다.

파업을 재개하는 경우 그 정당성은 최초 조정신청 당시와 쟁의행위를 재개한 시점 사이에 노동쟁의 상태의 동일성이 인정되는지 여부에 따라 판단됩니다.(2001. 8. 23. 협력 68107-427) 단체협약 또는 임금협약 갱신 등 같은 사안이라면 최초 파업 전에 사전 절차 이행으로 쟁의권이 확보돼 있는 상태이므로 조정절차를 다시 거칠 필요가 없습니다.

Q 087 필수공익사업장에서는 전면파업이 불가능한가요.

 현행 노조법에 따르면 전면파업이 어렵습니다.

공익사업장의 조정기간은 일반사업장(10일)보다 긴 15일입니다. 공익사업장 중에서도 노조법으로 정해져 있는 필수공익사업장은 파업권에 많은 제약을 받습니다.

공익사업장은 '긴급조정'의 주요 대상이 될 수 있습니다. 긴급조정은 쟁의행위가 공익사업에 관한 것이거나 그 규모가 크거나 성질이 특별한 것으로서 현저히 국민경제를 해하거나 국민의 일상생활을 위태롭게 할 위험이 현존하는 때에 고용노동부 장관이 결정하는 제도입니다. 결정이 내려지면 30일간 쟁의행위가 금지됩니다. 동시에 중앙노동위원회의 조정이 개시되고 조정이 성립되지 않으면 중재에 회부될 수 있습니다. 조정과 달리 중재는 노동위원회가 중재안을 제시하면 당사자 수락 여부와 무관하게 노동쟁의가 종료됩니다. 파업권이 사실상 박탈되는 것입니다.

필수공익사업장의 경우 쟁의행위를 하더라도 일정한 범위에서 계속 유지해야 하는 대상 업무(필수유지업무)를 사전에 정하고 파업 시에도 그 업무는 수행해야 합니다. 필수유지업무란 필수공익사업의 업무 중 그 업무가 정지·폐지되는 경우 공중의 생명·건강 또는 신체의 안전이나 공중의 일상생활을 현저히 위태롭게 하는 업무로서 대통령령이 정하는 업무입니다. 노사가 사전에 필수유지업무협정을 체결하거나 자율적으로 체결이 되지 않으면 당사자 일방의 신청으로 노동위원회가 결정하게 돼 있습니다. 그런데 필수유지업무 자체가 대단히 광범위하게 설정돼 있습니다. 노동위원회도 각 업무별 유지율을 대략 70% 수준에서 많게는 100%까지 매우 높게 설정하는 실정입니다.

게다가 노조법은 필수공익사업장의 경우 파업 참가자의 50%를 넘지 않는 범위 내에서 대체근로를 허용하고 있습니다.

결국 필수공익사업장 노동자들은 노동삼권에 이중 삼중의 제한을 당하는 상황입니다. 헌법이 보장한 파업권이 사실상 무력화된 것입니다. 국제연합(UN) 산하 기구로서 각 국가들의 노사정(노동조합·사용자단체·정부) 3자로 구성된 국제기구인 국제노동기구(ILO)는 파업권 제한이 인정되는, 그 중단 시 국민의 생명과 신체 안전·건강을 위태롭게 할 수 있는 필수업무로 병원·전기·수도공급·전화·항공관제 정도를 예시하고 있습니다. 또 파업을 할 때 최소서비스 유지업무만을 부여하고 있습니다. 우리나라 노조법은 국제기준에 비해 과도한 제한을 하고 있다고 평가됩니다.

한편 필수공익사업장인지 여부가 불분명할 수도 있습니다. 노동조합이 파업을 예고하자 사용자가 갑자기 필수공익사업장에 해당한다면서 필수유지업무협정 체결을 주장하면 어떻게 해야 할까요. 노조법 취지에 따라 다음과 같은 기준을 가지고 따져 봐야 합니다. ① 공중의 일상생활과 밀접한 관련이 있거나 국민경제에 미치는 영향이 큰 사업이어야 하고 ② 그 업무의 정지·폐지가 공중의 일상생활을 현저히 위태롭게 하거나 국민경제를 현저히 저해하는 것이어야 하며 ③ 업무의 대체가 용이하지 않은 것이어야 합니다.

통신사업은 노조법상 필수공익사업장입니다. 그런데 휴대전화 판매대리점의 경우 넓은 의미에서 통신사업에 포함되겠지만 위 세 가지 요건과 무관합니다. 누구도 필수공익사업장이라고 이야기하지 않습니다. 또 다른 예로 우정사업본부와 위탁계약을 체결하고 그 업무의 일부를 수행하는 업체라 하더라도 파업 시 다른 업체가 업무를 대체할 수 있다면 필수공익사업장으로 볼 수 없습니다.(2002. 11. 4. 조정 68107-213)

파업 중에 회사가 노동조합의 각종 활동을 제한해 달라는 가처분 신청을 법원에 제기했습니다. 노동조합은 뭘 하면 될까요.

특정한 행위에 대한 금지를 신청한 것이지
쟁의행위 자체를 금지해 달라는 내용은 아닐 것입니다.
또한 법원에서 심리를 진행해야 하기 때문에
아직 시간이 있습니다.

    노동조합의 활동을 금지하는 각종 가처분 신청은 원칙적으로 심문기일을 반드시 열어야 하고 일반적으로도 그러합니다. 그리고 피신청인(노동조합)에게 송달이 돼야 하며 통상 송달이 안 된 사람에게 가처분 결정이 내려지지는 않습니다.
    상식적으로 노사 간 대립이 첨예한 시기에 법원의 가처분 결정을 통해 노동조합의 쟁의행위 또는 그 활동을 제한하는 행위는 자제해야 합니다. 법원도 "사용자는 기업시설에 대한 방해배제 내지 방해예방청구권을 피보전권리로 하여 노동조합과 소속 조합원을 상대로 임시의 지위를 정하는 가처분을 구하거나 같은 내용의 본안소송을 제기할 수 있다. 이때 헌법이 근로자의 단결권·단체교섭권·단체행동권을 보장하고 있고, 노동쟁의의 유동성에 비추어 법적 간섭은 최소한도에 그치는 것이 분쟁해결에 도움이 될 수 있으며, 노사의 이해 대립은 노사대등의 원칙에 입각하여 자주적으로 해결되는 것이 바람직하다는 점에서 보전의 필요성이나 방해

배제 내지 방해예방청구의 필요성을 판단할 때에는 고도의 신중함을 요한다"(대법원 2011. 2. 24. 선고 2010다75754 판결)고 판시해 이를 명확히 하고 있습니다.

통상 제기되는 가처분 신청을 보면 집회나 농성처럼 쟁의행위 시 부수되는 각종 활동이나 노동조합의 표현 활동 중 일부를 금지해 달라는 방식으로 제기됩니다. 교섭과 쟁의행위를 할 때 사업장 내에서 정당한 쟁의활동이 보장되고 직장점거 농성도 배타적이거나 전면적인 방식이 아닌 한 허용되므로 이러한 점을 적극적으로 소명할 필요가 있습니다. 집회 시 다소간의 불편이 있었을지라도 사람이나 차량의 출입을 막지 않았고 자유로운 통행이 이뤄졌다는 점을 소명하고 이런 부분은 미리 사진 촬영을 해 둘 필요가 있습니다. 예를 들어 평화적인 농성 및 집회 장면, 농성장 또는 집회 장소에 통행로가 충분히 보장되고 있는 장면, 집회 개최 중에 사람과 차량이 자유롭게 출입하는 장면을 미리 준비하면 좋습니다. 표현 행위 역시 조합원들의 권익 보호나 노동조합 목적에 부합하는 활동이고, 내용 역시 대체적으로 사실에 부합하는 것이라는 점을 소명하면 됩니다.

가처분 결정이 내려지면 곧바로 효력이 발생합니다. 이의신청을 하는 것과 상관없이 결정문이 송달되면 효력이 발생합니다.

Q 089

파업기간 중 각종 민·형사 문제와 징계책임을 최종 교섭에서 정리하고 타결하려 합니다. 주의해야 할 점은 어떤 게 있나요.

노사 간에 발생한 문제를
법에 의존해 풀어 보려는 관점은 위험합니다.

법적인 결과에 맡기지 말고, 최종 타결 시에는 교섭과 쟁의행위기간 중에 있었던 모든 문제에 대해 면책합의를 할 필요가 있습니다.

애초 쟁의행위는 단체협약 체결이 목적이지만 쟁의행위 종료시점에는 교섭 또는 쟁의행위 중 발생한 노사 간 제반 문제에 대한 합의도 대단히 중요합니다. 민·형사 면책뿐만 아니라 징계면책 등 인사상 불이익을 주지 않는다는 합의까지 해야 합니다. 민·형사 면책합의만으로는 징계책임이 면제되지 않는다고 보는 것이 법원의 일반적인 해석이기 때문입니다.

법률적으로 진행 중인 사안이 있다면 일괄 취하하기로 합의하는 것이 좋습니다. 이때 민사 사건은 취하하면 종료되지만 형사 사건은 일부 예외를 제외하고는 고소취하를 해도 수사가 계속된다는 점에 유의해야 합니다. 고소취하와 함께 탄원서 제출 등 원만한 문제 해결을 위해 최선의 노력을 다한다는 내용의 합의를 하는 것이 바람직합니다. 면책의 대상 범위 역시 쟁의행위뿐만 아니라 쟁의행위 이전 집회·농성·항의방문 등 쟁의행위 전후로 연속된 행위에 대해서도 구체적으로 명시할 필요가 있습니다.

쟁의행위와 관련해 향후 일체의 인사상 불이익을 주지 않는다는 합의도 해야 합니다. 해석상 논란이 되는 불명확한 문구는 사용하지 않는 것이 좋습니다. "쟁의행위로 인한 구속자에 대해 최대한 선처하겠다" 같은 문구는 징계면책 합의로 볼 수 없다는 판례도 있습니다. "징계를 최소화한다"는 것도 어느 정도가 최소화냐를 둘러싸고 서로 생각이 다를 수 있습니다. 완전한 징계면책에 합의하지 못한다면 "해고를 하지 않는다"와 같이 명확하게 합의하는 것이 좋습니다.

**노조법은 쟁의행위기간에 대한
사용자의 임금지급의무가 없다고 규정하고 있습니다.
의무가 없다는 것이지 임금지급을 금지한 것은 아닙니다.**

타결격려금·생산장려수당·생활지원금 등의 이름으로 급여상당액 지급에 합의하는 것은 얼마든지 가능하고 유효합니다.

Q 090

경찰서에서 고소가 됐다며 출석을 요구하는 우편을 받았습니다. 출석해야 합니까.

 **형사 사건은 수사와 재판 절차로 구분할 수 있습니다.**

수사는 경찰서에서 1차 수사를 하고 그다음에 검찰청으로 넘어가면(검찰청 송치) 검사가 기록을 검토하고 추가 수사를 한 뒤에 기소 여부를 결정합니다. 증거가 없거나 죄가 안 된다고 판단하면 불기소처분을 하고, 죄가 되지만 가벼운 사안이라면 기소유예를 합니다. 검사가 기소를 하면 법원에서 재판이 열립니다.(구약식기소는 다음 문항에서 설명)

수사와 재판은 구속 상태에서 받는 경우도 있고 불구속 상태에서 받는 경우도 있습니다. 검사가 법원에 구속영장을 청구하면 구속 전 피의자심문(영장실질심사)을 거쳐 구속 여부가 결정됩니다. 판사는 검사가 주장하는 증거와 주장, 피의자(기소 전에는 피의자, 기소 후 재판에서는 피고인)와 변호인이 제출하는 증거와 주장을 참고해 구속 여부를 결정합니다.

수사 단계에서 경찰관이나 검사에게서 피의자조사를 위한 출석요구를 받습니다. 보통 우편으로 문서를 보내는데, 요즘은 전화·문자 등을 병행합니다. 담당경찰관이나 검사실과 통화해 출석시간을 조정하는 것도 가능합니다.

통상 세 차례 이상 출석요구를 거부하면 체포영장이 청구될 수 있으므로 유의

해야 합니다. 체포영장이 발부되면 수배 상태가 되는 것입니다. 체포영장은 체포 후 48시간 동안만 효력이 있습니다. 48시간 안에 조사를 거쳐 구속영장이 청구되든지, 아니면 불구속 상태로 석방되든지 합니다. 바로 구속되는 것은 아닙니다.

피의자조사는 문답 형식으로 진행됩니다. 피의자신문이라는 것을 받는데요. 불리한 사실은 진술하지 않을 수 있고 아예 아무 진술도 하지 않을 수도 있습니다(묵비권). 다만 묵비권을 행사하더라도 본인의 신분 등은 진술하는 것이 좋습니다. 묵비권 행사 여부는 주변의 조언을 받아 선택할 필요가 있습니다. 피의자신문 과정에서 강압적 수사나 폭언·반말 수사는 모두 금지됩니다. 현장에서 항의하기 어렵다면, 담당경찰관이나 검사의 인적사항을 확인해 사후에라도 인권단체 등을 통해 대응해야 합니다. 문답 조사가 끝나면 내용을 출력해 서명날인을 하는데요. 긴 시간 조사에 지쳤더라도 반드시 묻고 답한 대로 기재가 돼 있는지 꼼꼼히 확인해야 합니다. 잘못 기재된 내용이 있다면 수정을 요구할 수 있습니다. 대부분 바로 수정해서 재출력하는데요. 이를 거부하면 서명날인을 거부해야 합니다. 이럴 경우 답답한 쪽은 수사기관이므로 수정을 해 줍니다. 피의자조사를 전후해 유리한 자료가 있으면 언제라도 제출하면 됩니다.

휴대전화·사무실·자택 등에 대해 압수수색이 이뤄지는 경우가 있습니다. 압수수색에 참여할 권리가 있고, 압수수색 영장에 기재된 사항에 관한 것만 압수수색이 가능하므로 현장에서 영장 제시를 요구하고 확인해야 합니다. 휴대전화는 그 내용을 압수하는 것이므로 경찰서에서 기계적 장치를 이용해 내부 내용물을 추출하는 과정, 추출된 내용 중에서 압수수색 영장에 기재된 사항만 선별하는 과정에 참여할 수 있습니다.

하지만 수사기관이 사적인 개인정보와 대화내용이 많이 들어 있는 컴퓨터·이메일·휴대전화를 과도하게 들여다보는 현실입니다. 진보네트워크센터(www.jinbo.net) 등 정보인권단체에서 공권력에 의한 정보인권침해를 방어하는 기술적 대응을 소개하고 있으니 참고하면 좋습니다.

Q 091 파업 때 있었던 일로 법원에서 벌금을 내라는 약식명령 판결문을 받았습니다. 정식재판청구를 하고 싶은데요.

판결문(약식명령등본)을 받은 날부터 7일 내에 해당 법원에 정식재판을 청구해 다툴 수 있습니다.

통상 불구속으로 수사를 받으면 경찰조사만 받고 검찰조사 없이 검찰에서 바로 벌금형으로 기소하는 경우가 있는데 이를 약식기소라고 합니다. 검찰조사까지 받았지만 검사가 특별히 중대하지 않다고 판단해 벌금형으로 약식기소하는 경우도 있습니다. 벌금형을 구하는 기소가 아닌 정식기소는 구공판이라고 말합니다.

약식기소가 되면 법원에서는 서류를 보고 판단을 내리는데 이것이 약식명령입니다. 바로 이 약식명령등본을 송달받으면 7일 이내에 정식재판을 청구할 수 있고 (예를 들어 2월 4일 판결문을 송달받았다면 2월 11일까지 청구) 그 다음은 정식 형사재판절차가 진행됩니다.

검찰에서 벌금예납고지서를 미리 발송하는 경우도 있는데요. 법원의 약식명령 판결문을 송달받을 때까지는 벌금을 낼 필요가 없습니다.

정식재판청구를 하지 않고 승복하면 30일 이내에 벌금을 납부해야 합니다. 정식재판청구 기간은 약식명령등본에 여러 명의 피고인이 있더라도 개별적으로 진행된다는 것을 유의해야 합니다.

　약식명령 판결문을 송달받지 못했는데 갑자기 벌금을 내라는 고지서가 오면 법원 직원에게 송달 여부를 확인한 뒤 정식재판청구권 회복청구를 하면 정식재판을 받을 수 있습니다. 만일 연세가 많은 노인이나 어린아이가 판결문을 받았다면 회복청구를 받아 준다고 합니다.

　예전에는 정식재판청구를 하여 재판을 받더라도 처음 약식명령에서 선고된 벌금형보다 더 높은 형이 선고되지는 않았습니다. 그런데 형사소송법이 개정되어 벌금형을 징역형(집행유예 포함)으로 바꾸어 선고할 수는 없지만, 같은 벌금형 내에서는 액수가 더 높아질 수가 있습니다. 예를 들어 약식명령에서 벌금 200만 원을 받아서 정식재판청구를 하였을 때, 예전에는 200만 원보다 높은 형을 선고할 수 없었지만, 이제는 300만 원 또는 400만 원도 선고가 가능해진 것입니다. 따라서 정식재판청구는 좀 더 신중하게 판단해서 해야 합니다.

Q 092

파업에 대한 형사처벌 문제가 국제사회에서 비판을 받는다고 들었습니다. 구체적으로 설명해 주세요.

단순히 집단적으로 노무제공을 거부하는 행위인
파업을 이유로 형사처벌하는 국가는
한국이 유일한 것으로 알려져 있습니다.

파업은 단순히 집단적으로 노무제공을 거부하는 것입니다. 근로계약상 의무를 다하지 않은 채무불이행일 뿐입니다. 설령 절차상 하자가 중대하고 목적의 정당성이 없는 위법한 파업이라 할지라도 말입니다.

파업을 했다고 형사처벌을 하는 것은 채무불이행을 형사처벌하는 것과 같은 의미입니다. 결근했을 때 임금을 공제하는 것은 그렇다 치더라도 결근했다고 국가가 형사처벌을 하는 것이 과연 타당할까요. 사업주가 개인사정으로 잠시 휴업을 한다고 해서 처벌을 받지는 않습니다.

파업 중에 혹시 폭력이나 파괴행위가 있었다면 각각의 행위에 대해 처벌을 하면 됩니다. 그냥 일을 안 한 것일 뿐인데, 파업 자체를 범죄로 보고 형사처벌을 한다는 것은 말이 되지 않습니다.

파업을 형사처벌하는 것에 대한 국제사회의 평가는 어떨까요. ILO 협약 제105호 「강제노동의 폐지에 관한 조약」(제1조 d항)은 동맹파업에 제재를 가하는 것은 강제

노동을 강제하는 것으로 보고 금지하고 있습니다. ILO는 결사의 자유에 관한 글로벌 리포트(Global Report, 2000)에서 노동조합 간부들을 체포하고 구속하는 대표적인 노동권 침해국가로 한국을 꼽고 있습니다. 당시 한국과 함께 열거된 국가들은 중앙아프리카공화국·중국·콩고공화국·코트디부아르·엘살바도르·에티오피아·가봉·기니·기니비사우·인도네시아·레바논·모로코·나이지리아·파키스탄·파라과이·세네갈·스와질란드·수단입니다.

한국 정부가 이를 개선하지 않자 ILO는 2004년 글로벌 리포트에서 "노동권에 대한 심각하고 급박한 침해가 있는 국가"로 한국을 지목했습니다. 당시 ILO 결사의 자유 위원회가 '심각하고 급박한 사안'으로 분류한 사례는 한국·벨라루스·중국·콜롬비아·베네수엘라에 대해 각각 5회, 쿠바·지부티·에콰도르·에티오피아·과테말라·타히티·짐바브웨에 대해 각각 2회였습니다. 이렇게 ILO 결사의 자유 위원회는 2000년 이래 매년 한국을 노동권 침해국가로 분류했습니다.

유엔 경제적·사회적·문화적 권리위원회는 2001년과 2009년 두 차례에 걸쳐 "폭력이 수반되지 않은 노동자의 단체행동과 관련된 다양한 행위"를 「형법」상 업무방해죄(제314조)로 처벌하는 것을 개선하라고 한국 정부에 권고했습니다.

단순히 노동을 거부하는 파업 행위가 최소한 형사처벌의 대상은 아니라는 것이 국제사회의 보편적인 인식입니다.

Q 093

대법원이 파업에 대한 업무방해죄 적용과 관련해 입장을 바꿨다고 들었습니다. 어떤 내용인가요.

주체·목적·절차·수단과 방법 등에 있어 정당성을 상실했다고 판단되는 파업은 「형법」상 업무방해죄로 처벌받아 왔습니다. 업무방해죄는 사실상 한국과 일본에만 있는 제도입니다. 태평양전쟁 당시 그 도구로 제정돼 전체주의적 형법관이 담겨 있던 일본 형법의 내용이 일제 강점기에 한국으로 들어온 것입니다. 그런데 일본조차 법을 개정해 파업 일반에 적용하는 것이 아니라 예외적으로 적용하고 있습니다. 근래에는 적용 사례조차 찾아보기 힘든 상황입니다.

파업을 업무방해죄로 처벌하는 것에 대한 국제사회의 비판과 국내 노동계 및 학계의 비판이 지속되자 대법원은 2011년 13명의 대법관으로 구성된 전원합의체 판결을 통해 판례를 일부 변경했습니다.

무조건 모든 파업이 위력에 해당해 일단 업무방해죄가 성립한다고 보지 않고 전후 사정과 경위를 따져서 파업이 ① 사용자가 예측할 수 없는 시기에 전격적으로 이뤄져서 ② 그것 때문에 사업을 운영하는 과정에서 심대한 혼란 내지 막대한 손해를 초래한 경우에만 업무방해죄로 처벌하겠다고 판시한 것입니다.(대법원 2011. 3. 17. 선고 2007도482 전원합의체 판결)

그런데 대법원이 엄격히 예외적으로만 적용하겠다고 밝히긴 했지만 업무방해죄가 사라진 것은 아닙니다. 심지어 대법원 전원합의체가 정한 요건이 자의적으로 해석되기도 하는 상황입니다.

어찌 됐건 파업을 하면 무조건 업무방해죄의 위력에 해당하는 것으로 보고 예외적으로 주체·목적·절차·수단과 방법에서 정당성이 있는 경우에 한해서만 처벌을 면해 주던 것에서 일보 진전한 것은 사실입니다.

따라서 사용자의 파업 자제 호소, 노동조합 파업계획에 대한 파악, 각종 파업 대비 대책 수립 등의 사실뿐만 아니라 노동쟁의 발생과 노동조합 쟁의행위 사전 절차(조합원 찬반투표와 조정신청) 진행, 노동조합 각종 의결단위에서의 파업 관련 결의와 파업 일시 예고, 필수공익사업장의 경우에는 필수유지업무 대상자 통보 내지 협의절차 진행 등이 있었다면 죄를 물을 수 없습니다.

**사용자가 파업을 예측할 수 있었다고 볼 수 있는 만큼 업무방해죄가 적용되어서는 안 됩니다.
막대한 손해 내지 심대한 혼란은
갑작스러운 파업 돌입에 따른 전격성으로 인한 것이어야 합니다.**

단지 사업장의 특성이나 규모, 파업참가자 규모 때문에 손해가 크다는 이유로 바로 막대한 손해 등이 있었다고 인정된다면 파업이 성공하면 유죄, 실패하면 무죄가 된다는 황당한 결론에 이르게 되기 때문입니다.

 언론에서 노동조합의 정당한 파업을 왜곡하고 귀족노동조합이라고 비난합니다. 제재방법이 있나요.

 언론사를 상대로 정정보도 또는 반론보도 청구를 할 수 있습니다. 언론중재위원회에 중재신청을 할 수도 있습니다.

보수언론에 의한 노동기본권 침해는 참으로 심각합니다. 이들의 보도행태를 보면 파업은 악이고 그것을 수행하는 노동조합은 심지어 악마적인 존재로까지 묘사됩니다. 부정적인 여론을 조성하기 위해 으레 철밥통이니 귀족노동조합이니 하면서 비난을 합니다. 심지어 허위 사실을 내세워 파업을 비난하는 경우도 많습니다.

사례를 보면 2013년에 있었던 전국철도노동조합의 파업 당시 일부 언론은 쌍용역이 승객 15명에 역무원이 17명이라는 내용으로 보도하면서 한국철도공사를 지배하는 강성노동조합이 무소불위의 철밥통 챙기기에 앞장선 결과라고 비난한 적이 있습니다. 그러나 쌍용역은 여객보다는 화물운송업무가 주되게 이뤄지는 역입니다. 하루 평균 승객이 몇 명이나 되는지는 의미가 없습니다. 이는 곧바로 확인할 수 있는 내용이었습니다. 법원은 해당 언론사에 정정보도문 게재와 함께 노동조합이 입은 손해를 배상하라고 판결했습니다.

각 보도 중 허위사실이 일부분이라도 그 내용이 보도의 첫머리에 위치해 시청

자 내지 독자들에게 강한 인상을 주는 데다, 보도가 이뤄진 시점이 노동조합이 정부의 철도 민영화 정책에 조응하는 철도공사 이사회의 수서고속철도주식회사 설립 의결에 반발해 파업을 진행하는 때였으므로 해당 보도가 더욱 관심을 받았고 노동조합의 파업에 대한 여론에 부정적인 영향을 미친 것으로 보인다는 것이 주된 판단이유였습니다.

이렇듯 보도가 있음을 안 날부터 3개월 이내에 또는 보도가 있은 날부터 6개월 이내에 해당 언론사에 정정·반론 보도문 게재 및 보도를 요청할 수 있고, 같은 기간 내에 언론중재위원회에 조정신청을 할 수 있습니다.

**그 외에도 노동기본권 침해와 명예훼손 등을 이유로
언론사, 발행인, 보도편집책임자, 해당 기자를 상대로
형사 고소와 손해배상청구소송도 제기할 수 있습니다.**

형사 고소와 정정보도 청구, 손해배상청구를 한꺼번에 진행할 수도 있습니다. 이러한 보도행태는 언론의 자유와 무관한 악의적인 노동기본권 침해행위입니다. 그냥 용인하기보다는 적극적으로 대응하는 것이 바람직합니다.

CHAPTER 5
부당노동행위

Q 095 회사가 노동조합 활동에 간섭합니다. 처벌받게 할 수 있나요.

 노동조합 활동에 영향을 미치려는 의도의 간섭이라면 부당노동행위이므로 처벌 대상입니다.

노조법은 사용자가 노동자 및 노동조합의 노동삼권을 침해하는 행위를 부당노동행위로 규정하고 있습니다. 임금체불이나 부당해고와 같이 사용자의 각종 부당한 행위를 부당노동행위로 잘못 표현하는 경우도 간혹 있습니다. 부당노동행위는 노조법상 법률용어입니다. 사용자의 모든 부당한 행위를 일컫는 표현이 아닙니다. 부당노동행위는 정당한 노동조합 활동을 포함한 노동삼권에 대한 사용자의 침해행위만을 의미합니다.

노조법은 부당노동행위를 크게 네 가지로 구분합니다. 첫째, 불이익취급입니다. 노동조합에 가입했거나 가입하려 했다는 이유로, 나아가 조합원으로서 정당한 노동조합 활동을 한 것을 이유로 그 노동자에게 불이익한 취급을 하는 것입니다. 사용자의 부당노동행위를 행정관청 등에 신고했다고 불이익을 주는 것 역시 불이익취급 부당노동행위입니다. 노동조합이 법외노동조합이라 해도 마찬가지입니다.

불이익한 취급에는 신분·인사상 불이익, 경제적·정신적 불이익 및 노동조합 활동상 불이익 등이 모두 포함됩니다. 다만 노동조합 활동이 위법하거나 정당성을 상실한 경우에는 이를 이유로 징계처분 등을 하더라도 적법한 인사권 행사로서 부당노동행위가 아닐 수 있습니다.

둘째, 비열계약입니다. 노동조합에 가입하지 않거나 탈퇴할 것 또는 특정 노동조합에 가입할 것을 고용조건으로 하는 계약이나 합의를 하는 것을 말합니다. 채용 조건만이 아니라 재직 중에 계속고용을 조건으로 하는 경우도 포함됩니다. 만약 이런 합의를 했다면 위법해서 무효이므로 사용자는 노동자에게 합의 위반의 책임을 물을 수 없습니다.

그런데 노동조합이 법적 요건을 갖추고 단체협약으로 유니언숍(union shop) 조항을 체결하고 있다면, 신규 입사자에게는 채용과 동시에 그 노동조합에 가입할 의무가 발생합니다. 이런 경우는 예외로서 부당노동행위가 아닙니다.

셋째, 단체교섭을 거부하거나 게을리하는 것입니다. 사용자의 단체교섭의무에는 교섭에 응해야 하는 의무뿐만 아니라 성실하게 교섭할 의무, 합의된 내용을 단체협약으로 체결해야 할 의무까지 포함됩니다. 다만 교섭 거부에 정당한 사유가 있다면 부당노동행위가 아닙니다.

넷째, 지배·개입입니다. 사용자는 노동조합 조직 및 운영을 지배하거나 이에 개입해서는 안 됩니다. 적극적으로 노동조합 결성과 운영을 방해하는 행위뿐만 아니라 노동조합 운영에 영향을 미칠 수 있는 의견을 표명하는 것까지도 부당노동행위가 될 수 있습니다. 노조법은 노동조합 전임자에게 과도한 급여를 지원하거나 노동조합에 운영비를 원조하는 행위도 지배·개입의 부당노동행위로 규정하고 있습니다.

**부당노동행위를 해서는 안 되는 주체에는
사업주뿐만 아니라 회사 관리자들도 포함됩니다.**

노조법은 사업주와 사업경영담당자 그리고 일정한 직급과 직책을 가지고 근로자에 관한 사항에 대해 사업주를 위해 행동하는 자도 '사용자'로 규정해 부당노동행위 금지 의무를 부과하고 있습니다.

　직접적인 근로계약 관계가 없는 원청 회사 사용자라고 해도, 하청 회사 노사 관계에 실질적인 지배력과 영향력을 가지고 있다면 하청 회사 노동자들에 대한 부당노동행위 책임이 부과되는 사용자로 해석됩니다.(대법원 2010. 3. 25. 선고 2007두8881 판결)

　사용자가 부당노동행위를 했다면 2년 이하 징역 또는 2천만 원 이하 벌금형이 부과됩니다. 관리자가 부당노동행위를 한 경우에는 해당 관리자와 함께 사업주도 처벌받습니다.

노사갈등으로 노동조합 위원장이 무단결근을 했습니다. 이를 이유로 회사가 위원장을 해고하면 부당노동행위인가요.

096

무단결근이라는 징계사유가 있다 해도 실질적으로는 노동조합 위원장이기 때문에 해고한 것이라면 부당노동행위로 볼 수 있습니다.

불이익취급 부당노동행위가 성립하기 위해서는 조합원의 정당한 노동삼권 행사와 사용자의 불이익취급 사이에 인과관계가 있어야 합니다. 즉 노동조합 활동을 이유로 해서 사용자가 불이익한 취급을 해야 불이익취급 부당노동행위가 됩니다.

문제가 되는 것은 사용자가 불이익한 처분을 할 만한 사유가 존재하면서 한편으로는 그 처분에 부당노동행위 의사를 추정할 만한 사유도 동시에 존재하는 경우입니다. 질문의 사례도 여기에 해당합니다. 이런 경우에는 사실 판단이 쉽지 않습니다.

법원은 다음과 같은 기준으로 판단을 하고 있습니다. 우선 사용자측이 내세우는 징계 사유와 노동자가 한 정당한 노동조합 활동의 내용을 살펴봅니다. 그런 다음 노사관계가 어떠했는지 봅니다. 징계를 한 시기도 노사관계와 연계해 따집니다. 아울러 유사한 사례에서 조합원과 비조합원에 대한 제재에 불균형이 있었는지, 불이익처분 후 조합원들의 노동조합 탈퇴 등 노동조합 활동에 일정한 쇠퇴와 약화가 있었는지도 판단기준으로 삼고 있습니다. 나아가 사용자의 조합원에 대한 언동이나 태도 등 사용자의 부당노동행위 의사가 있었음을 추정할 수 있는 제반 사정을 비교 검토해서 종합적으로 판단을 합니다.(대법원 2006. 9. 8. 선고 2006도388 판결)

결론적으로 사용자가 노동자에 대해 해고 등의 불이익한 처분을 함에 있어 표면상 사유와는 달리 실질적으로는 노동자가 노동조합 업무를 위한 정당한 행위를 한 것을 이유로 그러한 처분을 한 것이 인정된다면 부당노동행위인 것입니다.(대법원 2008. 1. 24. 선고 2007도6861 판결)

하지만 법원과 노동위원회는 대체로 사용자의 부당노동행위 의사가 일부 추정되더라도 징계사유의 정당성이 인정된다면 부당노동행위는 아니라는 입장을 취하고 있습니다. 예컨대 근기법상 정당한 처분이라면 노조법상 부당노동행위 성립 여부는 따지지 않는 경향을 보입니다.

부당노동행위 제도는 노동삼권을 침해하는 행위를 부당노동행위로 보고, 이를 배제·시정해 정상적인 노사관계를 확보하는 것을 목적으로 합니다.(대법원 2010. 3. 25. 선고 2007두8881 판결) 따라서 징계사유가 있더라도 노동자의 노동조합 활동이 없었더라면 사용자의 불이익처분도 없었을 것이라고 판단되는 경우에는 불이익취급 부당노동행위로 인정하는 것이 제도 취지에 부합한다고 하겠습니다.

회사가 노동조합 조합원들만 연장근로를 못하게 합니다. 부당노동행위 아닙니까.

Q 097

노동조합 조합원이라는 이유만으로 늘 하던 연장근로를 못하게 하는 것은 해당 노동자에게 경제적인 손실과 업무상 불이익을 주는 것이므로 부당노동행위에 해당합니다. 불이익한 처분이란 노동자에게 직접적인 불이익을 주는 것뿐만 아니라 다른 노동자에게 부여하는 이익을 주지 않는 것도 포함됩니다.

▶ **불이익취급 유형 예시**

① 근로관계의 지위에 관한 불이익 : 징계 및 해고, 휴직 후 복직 거부, 기간제 노동자에 대한 계약갱신 거절
② 인사상 불이익 : 노동자에게 불이익한 교육훈련, 전직·전출·전적·휴직, 낮은 인사평정, 강등 및 승진 탈락
③ 경제적 불이익 : 임금·퇴직금·복리후생 급부 등에 있어 불이익, 수당 차등지급, 시간외근로 제한, 감봉, 작업도구지급 등에 있어 조합원 차별
④ 정신·생활상 불이익 : 가족과 별거시키는 배치전환, 취업거부, 시말서 요구, 복리후생시설 이용 차별, 야유회·회식·행사 참가 배제, 좌석배치 등에서 부당한 대우, 하급자가 수행하던 업무부여, 직급에 맞지 않은 보직으로 강등, 결재권한 미부여
⑤ 노동조합 활동상 불이익 : 노동조합 활동을 할 수 없거나 곤란한 사업장 또는 부서나 직위로 배치

질문으로 돌아와 보면, 연장근로를 못하게 한 표면적 사정만으로 불이익취급 부당노동행위가 바로 성립하는 것은 아닙니다. 사용자의 정당한 노무지휘권 행사인지 여부도 판단해야 합니다. 일반적으로 노동자가 연장근로를 희망할 경우 회사에서 반드시 이를 허가해야 할 의무는 없기 때문입니다. 그러나 노동조합 조합원이라는 이유만으로, 또는 파업에 참가했다거나 노동조합 활동에 적극적이라는 이유로 연장근로를 거부한 것이 확인된다면 불이익취급 부당노동행위입니다.(대법원 2006. 9. 8. 선고 2006도388 판결)

조합원과 비조합원 간에 불합리한 차별을 하는 것은 부당노동행위에 해당합니다.

대표적인 사례는 조합원과 비조합원 간에 임금인상 시기 또는 인상률을 달리하는 것입니다. 다른 불가피하고 합리적인 사유 없이, 노동조합과의 교섭을 교란하고 노동조합의 조직력을 와해할 의도로 이러한 차별을 했다면 노동삼권을 침해하는 것이므로 부당노동행위입니다.

승진과 동시에
조합원 자격을 상실했습니다.
승진도 부당노동행위가 될 수 있나요.

098

노동조합 활동을 불가능하게 하는 인사조치는 앞서 살펴본 불이익취급 부당노동행위 유형 중 하나입니다.

특히 승진 당사자가 노동조합의 주요 임원이라면,
인사발령이 개인의 문제가 아닌
노동조합 전체의 문제이므로
회사의 승진 조치는 부당노동행위가 될 수 있습니다.

그 노동자가 노동조합의 임원임을 사용자가 알고 있음에도 조합원 자격이 상실되는 승진발령을 했다는 것은 노동조합 활동에 영향을 미칠 의도가 있었다고 추정할 수 있기 때문입니다.

하지만 일반 조합원에 대한 승진 인사조치가 부당노동행위에 해당하는지 여부를 판단하기는 쉽지 않습니다. 인사발령 시기와 노동조합 활동과의 관련성, 승진발령의 업무상 필요성, 능력의 적격성과 인선의 합리성, 회사와 노동조합의 관계 등 제반사정을 종합적으로 따져 봐야 합니다. 이를 통해 사용자의 인사조치가 해당 노동자의 조합원 자격을 박탈시킬 의도로 행해졌는지를 파악하는 것이 핵심입니다.

회사 차원에서는 인사조치가 업무상 필요성 또는 일반적인 기준에 따른 정기적인 인사의 일환으로 이뤄진 것이라고 주장할 수 있습니다. 사용자가 노동자의 노동조합 활동을 혐오하거나 노동조합 활동을 방해하려는 의사로 노동조합 조합원인 노동자를 승진시켜서 조합원 자격을 잃게 한 것으로 확인된다면 그 노동자에게 불이익을 주는 행위로서 부당노동행위가 성립합니다.(대법원 1998. 12. 23. 선고 97누18035 판결)

증명하기가 쉽지 않은 만큼 현실적으로 부당노동행위로 인정되는 경우는 드문 편입니다. 노동조합 조합원으로서의 권리와 사용자의 인사권이 충돌하는 경우 법원과 고용노동부는 노동조합 활동에 심각한 위축을 초래하는 것이 아니라면 대체로 사용자 인사권을 존중해야 한다는 입장을 갖고 있기도 하므로 주의해야 하겠습니다.

Q 099
단체협약에 유니언숍 조항이 있습니다. 신규직원이 다수 노동조합에 가입하지 않고 바로 소수 노동조합에 가입할 수 있나요.

노조법(제81조 제2호)은 노동조합이 사업장에 종사하는 근로자 3분의 2 이상을 대표하고 있을 때에는 단체협약으로 유니언숍 조항을 체결할 수 있도록 하고 있습니다. 여기서 유니언숍이란 그 회사의 노동자라면 모두 특정 노동조합에 가입해야 하는 제도를 말합니다.

참고로 유니언숍 협정은 당해 사업장에 종사하는 근로자 3분의 2 이상을 대표해야 한다는 요건에 따라 유니언숍 협정 유효기간 중이라도 조합원 수가 줄어들어 법률상 요건이 충족하지 못하게 되는 경우 그때부터 효력을 상실합니다.

유니언숍 제도는 노동조합에 가입하는 것을 고용조건으로 하고 있으므로 가입하지 않거나 탈퇴한 노동자는 사용자가 해고해야 합니다. 다만 노동조합에서 제명당한 노동자에게는 불이익한 처분을 할 수 없습니다.

노조법은 이와 함께 유니언숍이더라도 그 노동조합을 탈퇴해 새로 노동조합을 조직하거나 다른 노동조합에 가입한 노동자에 대해서도 사용자가 신분상 불이익한 처분을 할 수 없도록 명시하고 있습니다.

**사업장에 복수노동조합이 존재하는 경우
다수 노동조합이 유니언숍 협정을 체결했더라도
근로자는 다수 노동조합에 가입하는 절차를 거치지 않고
곧바로 소수 노동조합에 가입할 수 있습니다.**

유니언숍 협정의 효력은 근로자의 노동조합 선택의 자유와 유니언숍 협정을 체결하지 못한 다른 노동조합의 단결권을 침해하지 않아야 합니다. 따라서 어느 노동조합에도 가입하지 않은 근로자에게만 효력이 미친다고 보아야 하므로 유니언숍 협정을 체결한 노동조합에 가입 및 탈퇴 절차를 별도로 거치지 않았더라도 사용자가 유니언숍 협정을 들어 신규 입사 근로자를 해고하는 것은 부당해고라는 것이 대법원의 입장입니다.(대법원 2019. 11. 28. 선고 2019두47377 판결)

즉 ① 근로자가 노동조합에서 제명당한 경우 ② 노동조합을 탈퇴해 새로 노동조합을 조직하거나 다른 노동조합에 가입한 경우뿐 아니라 ③ 입사하여 곧바로 소수 노동조합에 가입한 경우에도 사용자는 해당 근로자를 해고할 수 없습니다.

▶ 숍(shop) 제도

- 노동조합의 가입 강제 수준에 따라 한국에는 세 가지 유형의 숍 제도가 있음.
① 오픈숍(open shop) : 대부분의 일반적인 형태로서 자유로운 가입과 탈퇴가 가능한 노동조합
② 유니언숍(union shop) : 회사에 고용되면 가입이 강제되는 노동조합. 단 한국에서는 노조법에 따라 제한된 형태만 가능
③ 클로즈드숍(closed shop) : 노동조합 조합원만 사용자가 채용이 가능한 노동조합. 항운노동조합·하역노동조합·시장노동조합 등 한국에서는 「직업안정법」에 따라 고용노동부 장관의 허가(근로자공급사업권)를 받은 경우에만 가능

사용자가 단체교섭 전제조건으로 노동조합 파업 중단을 내걸었습니다. 이런 경우는 정당한 교섭 거부인가요.

파업 중이라도 사용자는 교섭의무가 있기 때문에 정당한 교섭거부 사유가 될 수 없습니다.

부당노동행위에 해당합니다.

쟁의행위는 단체교섭을 촉진하기 위한 수단으로서의 성질도 가지기 때문에 쟁의행위기간 중이라는 사정은 사용자가 단체교섭을 거부할 만한 정당한 이유가 될 수 없습니다.(대법원 2006. 2. 24. 선고 2005도8606 판결) 설령 쟁의행위가 정당성을 상실한 경우에도 마찬가지입니다.

사용자가 단체교섭을 거부할 정당한 이유가 있다거나 단체교섭에 성실히 응했다고 믿었더라도 객관적으로 정당한 이유가 없고 불성실한 단체교섭으로 판단되는 경우에는 단체교섭을 거부하거나 게을리한 경우이기 때문에 부당노동행위가 성립합니다.

법원은 사용자의 단체교섭 거부에 정당한 사유가 있는지와 관련해 노동조합의 교섭권자와 노동조합이 요구하는 교섭시간·교섭장소·교섭사항·교섭태도를 종합해 따집니다. 사회통념상 사용자에게 단체교섭의무의 이행을 기대하는 것이 어렵다고 인정되는지 여부에 따라 판단해야 한다는 입장입니다.(대법원 1998. 5. 22. 선고 97누8076 판결)

노동조합이 과도한 요구안을 제시하거나 이른바 필수적 교섭 대상이 아닌 사항을 요구안에 포함했더라도 사용자가 교섭을 거부할 수는 없습니다.

왜냐하면 그러한 내용은 교섭 과정에서 조정하거나 정리하면 되는 사항이기 때문입니다.

노동조합이 수용하기 어려운 특정 일시나 장소에서의 교섭만을 요구하는 것 역시 단체교섭 거부 부당노동행위로 해석됩니다.

조합원 명단 제출을 요구하면서 교섭을 거부하는 것도 정당성이 없는 교섭 거부입니다.

교섭에 응하더라도 불성실하게 임하는 것 역시 부당노동행위입니다. 이러한 성실교섭의무 위반 여부는 교섭횟수·교섭시간·자료제출 여부, 수정제안 및 교섭태도 등 교섭 과정 전반에 걸쳐 구체적인 상황을 종합해 판단합니다. 또한 교섭사항에 대해 의견일치를 봤음에도 단체협약에 서명·날인하는 것을 거부하거나, 합의를 파기하면서 거듭 수정안을 제시하는 것 역시 성실교섭의무를 위반한 부당노동행위입니다.

법원으로부터 단체교섭에 응해야 한다는 판결이나 가처분 결정을 받고도 계속 교섭을 거부한 경우에는 불법행위도 구성된다고 보고 노동조합에 대한 손해배상 책임을 인정한 사례도 있습니다.(대법원 2006. 10. 26. 선고 2004다11070 판결)

Q 101 사용자가 아예 단체교섭을 거부합니다. 어떻게 대처해야 할까요.

A 법적인 구제절차로는 ① 고용노동부나 검찰에 진정 또는 고소를 제기하는 방법 ② 법원에 단체교섭응낙 가처분 신청이나 단체교섭의무 확인 소송을 제기하는 방법 ③ 노동위원회에 부당노동행위 구제신청을 제기하는 방법 등이 있습니다. 만약 막무가내식 교섭 거부라고 한다면 몇 차례 교섭을 요구한 뒤 ④ 노동위원회에 노동쟁의 조정신청을 곧바로 제기하는 방법도 생각해 볼 수 있습니다.

가처분 신청이라 하더라도 심리를 진행하기 때문에 법원을 통하는 방법은 시간이 많이 걸립니다.

**법리적인 해석이 복잡한 경우가 아니라면
진정 또는 고소를 제기하거나
노동위원회에 구제신청을 제기하는 것이 더 낫습니다.**

사용자의 교섭거부로 교섭이 전혀 진행되지 못했다 하더라도 노동쟁의 조정신청을 할 수 있습니다. 이른바 교섭미진의 귀책사유가 사용자측에 있기 때문에 경우에 따라서는 조정중지 결정이 나서 바로 쟁의권을 확보할 수도 있습니다. 최소한 사용자를 교섭테이블에 나오게끔 만드는 데는 도움이 될 수 있습니다.

교섭 대상을 문제 삼아 사용자가 교섭을 거부하는 경우에는 근로조건의 결정에 관한 사항을 주된 요구안으로 삼아 형식을 갖추고 실질적으로는 핵심 현안을 형식상 부수적 교섭 대상으로 정해 교섭을 개시하는 방법도 있습니다. 각종 경영권 및 인사권 등에 관한 사항은 그 내용상 근로조건과 직·간접적인 상관관계가 있음을 강조하고 근로조건에 관한 사항을 폭넓게 인정한 판례 등을 제시하면서 교섭대상으로 쟁취해 내야 하겠습니다.

노동조합 규약상 이른바 총회 인준권 조항을 문제 삼아 교섭을 거부하는 경우도 있습니다. 총회 인준권 조항에 대해서는 그것이 노동조합 대표자의 단체협약 체결권을 전면적·포괄적으로 제한하는 것일 때에는 위법하다는 것이 법원의 입장입니다. 그럴 경우 사용자의 교섭거부는 정당한 사유가 있는 것으로 해석하기도 합니다.

따라서 다음과 같은 방법을 강구해 볼 수 있습니다. 노동조합 대표자가 단체협약 체결권을 분명히 갖고 교섭에 임하겠다는 점을 명시적으로 사측에 전달하거나, 총회 또는 대의원회에서 노동조합 대표자에게 단체협약 체결권이 있음을 확인해 주는 형식을 갖춘 다음 일단 교섭을 개시하자고 요구해볼 수 있습니다. 이러한 총회의 확인이 있었음에도 규약상의 규정만을 가지고 사용자가 교섭을 거부하는 것은 정당하지 않다는 고용노동부의 해석도 있습니다.(2000. 5. 15. 노조 01254-394) 아울러 상급단체에 교섭권과 단체협약 체결권을 형식상 위임하는 방법도 생각해 볼 수 있습니다.

복수노조 상황에서 교섭요구를 했는데 사용자가 교섭창구 단일화 절차를 개시하지 않는 경우에는 노동위원회에 '교섭요구 사실의 공고에 대한 시정신청'을 할 수 있습니다.

노동조합이 싫다고 공공연하게 말하는 사장, 처벌할 수 있나요.

Q 102

사용자에게도 당연히 언론의 자유가 있지만,
노사관계에서는 부당노동행위에
해당하지 않는 범위 내에서만 행사해야 합니다.

즉 헌법(제21조)에 따라 사내에서 연설·방송·서한 등을 통해 자신의 의견을 표명할 언론의 자유를 보장받지만 노동조합의 노동삼권을 침해할 수는 없습니다.

노동조합이 싫다고 공공연하게 말하는 것은 노동조합에 영향을 미치는 지배·개입 발언이므로 부당노동행위로 봐야 합니다. 또한 지배·개입이라는 부당노동행위 성립에 반드시 단결권이 침해됐다는 결과의 발생까지 필요로 하는 것은 아닙니다.(대법원 2006. 9. 8. 선고 2006도388 판결)

다만 사용자의 의견표명 내용과 의견표명이 이뤄진 상황·시점·장소·방법 및 그것이 노동조합의 운영이나 활동에 미치거나 미칠 수 있는 영향을 종합적으로 판단해야 합니다.

사용자의 발언 자체로 곧바로 부당노동행위 의사가 있었다고 추정되지는 않기 때문에 부당노동행위 의사가 있었는지에 관한 구체적 요소를 충분히 증명해야 합니다. 법원은 부당노동행위가 성립하기 위해서는 사용자에게 부당노동행위 의사가 있었을 것을 요건으로 삼고 있습니다. 그 의사는 개관적·외형적 사실에서 추정되는 의사만으로 충분합니다. 적극적인 목적이나 동기까지 필요로 하는 것은 아닙니다.(서울고법 1992. 5. 1. 선고 91구1147 판결)

부당노동행위의 유형 중에서도 특별히 사용자의 부당노동행위 의사가 문제 되는 것이 불이익취급과 지배·개입입니다. 다른 유형은 단체교섭 거부나 비열계약 체결 등 겉으로 드러나는 사실만을 가지고도 부당노동행위 의사를 추정해 판단할 수 있기 때문입니다.

법원은 부당노동행위 입증책임이 노동자와 노동조합에 있다고 해석하고 있습니다.(대법원 1991. 7. 26. 선고 91누2557 판결) 입증책임이란 입증을 하지 못하는 경우 불리한 판단을 받게 되는 책임을 말합니다. 부당노동행위라고 주장하는 쪽이 그 사실을 구체적이고 명확하게 입증해야 한다는 겁니다. 입증책임 법리에 대한 엄격한 해석이 현재 법원이나 노동위원회에서 부당노동행위가 잘 인정되지 않고 있는 결과를 만들어 내고 있기도 합니다.

결국 부당노동행위 입증은
노동조합 및 조합원들이 사용자의 부당노동행위 사실에 관한 자료를
얼마나 충분히 확보하느냐에 달려 있습니다.

부당노동행위가 발생할 경우 꼼꼼히 채증하고 즉시 노동조합의 항의 및 시정 공문을 발송하며 일지 형식의 문서와 조합원들의 진술서를 확보해 둘 필요가 있습니다.

참고로 사용자의 지배·개입 부당노동행위로 손해를 입은 경우 노동조합은 사용자를 상대로 민사상 손해배상청구도 할 수 있습니다.

사용자에게 노동조합 운영비를 지원받는 것도 부당노동행위에 해당하나요.

Q 103

노조법(제81조 제4호)은 사용자가 노동조합의 운영비를 원조하는 행위를 부당노동행위로 규정하고 있습니다. 이 규정의 주된 취지는 노동조합이 사용자에게 경제적으로 의존하는 것을 막고 노동조합의 자주성을 확보하기 위함입니다.

노동조합이 사용자에게 운영비를 지원받더라도, 그로 인해 노동조합의 자주성이 침해될 위험이 없다면 부당노동행위에 해당하지 않습니다.

이와 관련해 과거 대법원은 운영비 원조가 노동조합의 적극적인 요구 내지 투쟁으로 얻어진 것으로서 노동조합의 자주성을 저해할 위험이 없는 경우에도 일률적으로 부당노동행위에 해당한다고 판시하기도 했습니다.(대법원 2016. 1. 28. 선고 2012두12457 판결)

그러나 헌법재판소는 "노동조합의 자주성을 저해하거나 저해할 현저한 위험이 있는 운영비 원조 행위만을 금지하더라도 노동조합의 자주성을 확보하고 노동삼권의 실질적인 행사를 보장하고자 하는 입법목적을 달성할 수 있음에도 불구하고, 운영비 원조 행위를 일률적으로 부당노동행위로 간주하여 금지하는 것은 헌법에 위반된다"고 하면서 단순위헌 결정을 하게 되면 법적 공백상태가 발생하므로 2019년 12월 31일을 시한으로 법을 개정할 때까지만 계속 적용된다는 헌법불합치 결정을 하였습니다.(헌재 2018. 5. 31. 선고 2012헌바90 결정)

헌법재판소의 헌법불합치 결정 취지에 따라 2020년 6월 9일 노조법이 개정되었습니다. 개정법(법률 제17432호)은 노동조합의 자주적인 운영 또는 활동을 침해할 위험이 없는 범위에서의 운영비 원조행위는 부당노동행위가 아니라고 명문화하였습니다.(노조법 제81조 제1항 제4호) 아울러 "노동조합의 자주적 운영 또는 활동을 침해할 위험" 여부를 판단할 때에는 ① 운영비 원조의 목적과 경위 ② 원조된 운영비 횟수와 기간 ③ 원조된 운영비 금액과 원조방법 ④ 원조된 운영비가 노동조합 재정에서 차지하는 비율 ⑤ 원조된 운영비의 관리방법 및 사용처 등을 고려하도록 기준도 신설하였습니다.(노조법 제81조 제2항 신설)

개정법은 헌법재판소의 헌법불합치 결정 취지를 반영하여 운영비 원조 관련 부당노동행위의 판단 기준을 제시하였다는 점에서 의의가 있습니다. 그러나 신설된 판단기준만으로는 일선 노동현장에서 노동조합의 자주적인 운영 또는 활동을 침해할 위험이 있는지를 구체적으로 판단하기 어려울 수도 있어 이를 둘러싼 분쟁이 종종 발생할 것으로 보입니다.

복수노동조합 사업장에서 예상되는 사용자의 부당노동행위는 어떤 것들이 있습니까.

복수노동조합 설립이 전면 허용되면서 사업장에서 일어날 수 있는 부당노동행위 유형이 더욱 다양해졌습니다.

사용자가 특정 노동조합을 지원하는 것이 대표적인 형태일 것입니다. 사용자는 특정 노동조합을 위해 교섭요구 사실 공고를 하지 않거나 사실과 다르게 공고하기도 합니다. 특정 노동조합에 가입하면 각종 이익을 주는 방식으로 가입을 유도하거나 복수의 노동조합에 이중 가입하도록 하는 경우도 있습니다.

교섭대표노동조합이 마음에 들지 않는 경우 교섭을 고의로 지연하면서 사실상 교섭대표노동조합의 교섭권을 무력화하기도 합니다. 아예 교섭창구 단일화 절차를 거쳐 교섭대표노동조합이 되지 못하도록 일부러 개별교섭에 동의하고 개별교섭에서 친사용자적인 소수 노동조합에 더 많은 혜택을 부여하기도 합니다.

심지어 친사용자 성향의 노동조합을 사실상 사용자가 설립해 기존 노동조합을 무력화하는 사례도 심심찮게 나타나고 있습니다. 근래에는 전직 경찰·군인 출신을 이른바 '노동조합 파괴 용병'으로 채용해 어용노동조합을 만드는 사업장까지 적발됐습니다.

이런 행위의 결과로 교섭대표노동조합 소속 조합원의 이탈 및 약체화를 초래할 수 있습니다.

또한 특정 노동조합의 요구안에 대해서만 수용을 거부하거나 노동조합 전임자 및 노동조합 사무실 제공 등 차별행위를 하기도 합니다. 단체협약이 체결된 이후에는 단체협약에 대한 해석 및 이행 과정에서 특정 노동조합에 불리하게 해석·적용하는 간접적인 방법도 있습니다.

복수노동조합 간에 불합리한 차별을 하는 것은 부당노동행위에 해당합니다.

복수노동조합과 개별교섭을 하던 중 먼저 단체협약을 체결한 노동조합 조합원에 대해서만 '무쟁의 타결 격려금' 등을 지급한 행위는 아직 교섭 중인 다른 노동조합의 쟁의행위 여부 결정이나 단체교섭에 영향을 미칠 수 있는 행위로 지배·개입의 부당노동행위에 해당한다는 것이 대법원의 입장입니다.(대법원 2019. 4. 25. 선고 2017두33510 판결)

기존 노동조합에서 탈퇴한 조합원들이 신설 노동조합에 가입하자마자 해당 근로자들의 임금에서 조합비를 일괄 공제하여 신설 노동조합에 인도하고, 신설 노동조합과 먼저 단체협약을 체결한 후 기존 노동조합에는 신설 노동조합과 체결한 단체협약보다 불리한 내용의 단체협약안을 제시한 사용자의 행위는 노동조합의 조직과 활동에 영향을 미치고 위축시키려는 의도에서 이루어진 지배·개입의 부당노동행위에 해당한다고 한 대법원의 판결도 있습니다.(대법원 2018. 9. 13. 선고 2016도2446 판결)

Q 105

노동조합 활동을 이유로 4개월째 무기정직 중입니다. 부당노동행위 구제신청을 할 수 있나요.

A 노동위원회에 제기하는 구제신청은 부당노동행위가 있은 날부터 3개월 이내에 해야 합니다.

다만 부당노동행위가 계속되는 행위인 경우에는 그 종료일부터 3개월 이내에 하면 됩니다.

정직이나 감봉과 같은 인사처분은 그 처분과 동시에 행위가 종료되는 것이기 때문에 계속되는 행위로 보지 않습니다.(대법원 1993. 3. 23. 선고 92누15406 판결) 따라서 징계의 경우 징계처분이 있었음을 안 날부터 3개월 이내에 구제신청을 해야 합니다.

계속되는 행위란 동일한 부당노동행위 의사에 근거해 계속 반복되는 행위를 말합니다. 인사처분처럼 사용자가 한 행위의 효과가 계속되는 경우와는 구분됩니다. 계속되는 행위는 단체교섭 거부나 경비원조 또는 편의제공이 계속되는 경우가 대표적입니다.

질문을 보면 기간이 지났으므로 노동위원회에 구제신청을 제기할 수 없습니다. 그렇지만 고소를 하거나 법원에 민사소송을 제기하는 등 다른 법적 절차는 진행할 수 있습니다.

참고로 근기법상 부당정직 구제신청과 노조법상 부당노동행위 구제신청은 별개의 제도이므로 통상 두 가지를 각각 제기합니다. 실무적으로는 하나의 서면양식에 두 개의 구제신청을 같이 기재하는데, 실제로도 두 사건이 병합돼 처리됩니다. 해고를 당한 경우에는 해고일부터 3개월 이내에 구제신청을 해야 합니다.

사내에서 징계재심절차까지 진행됐더라도 원심징계일부터 3개월 이내에 구제신청을 해야 한다는 점에 주의해야 합니다.(대법원 1993. 5. 11. 선고 91누11698 판결) 다만 원심에서의 징계양정이 재심에서 변경됐거나 단체협약 또는 취업규칙에서 재심신청을 한 경우 원심처분의 효력이 정지된다고 정하고 있다면 재심처분일을 기준으로 3개월 이내에 구제신청을 하면 됩니다.

노동위원회는 고용노동부 소속 기관이지만 일정한 독립성을 가진 준사법기구입니다. 노동쟁의 조정과 부당해고 또는 부당노동행위에 대한 심판을 주로 담당합니다. 법원을 통한 소송절차는 시간이 오래 걸리기 때문에 이겨도 노동조합은 이미 돌이킬 수 없는 피해를 입어 실효성이 없는 경우가 많습니다. 부당노동행위로부터 신속하고 효율적인 구제를 받는다는 측면에서 원상회복 명령권한을 가진 노동위원회 제도는 의의가 있습니다.

피해를 입은 노동자를 대신해 노동조합이 부당노동행위 구제신청을 하는 것도 가능합니다. 구제신청은 관할 지방노동위원회(전국에 광역 단위로 13개 존재)에 하면 됩니다. 지방노동위원회 판정에 불복하는 당사자는 중앙노동위원회에 재심을 신청할 수 있습니다. 중앙노동위원회 판정에도 불복할 경우에는 행정소송을 제기할 수 있습니다. 초심 및 재심절차는 통상 각각 2~3개월 정도씩 소요됩니다.

사용자가 중앙노동위원회 구제명령에 불복해 행정소송을 제기하는 경우에는 판결이 확정될 때까지 일단은 구제명령을 이행하게 해 달라는 긴급이행명령신청을 할 수 있습니다. 법원의 긴급이행명령을 위반한 사용자에게는 500만 원 이하 벌금이 부과됩니다.

노동위원회는 심판회의를 열어 부당노동행위로 판정하면 사용자에게 구제명령을 내립니다. 구제명령은 대개 부당노동행위 중단 및 부당노동행위로 불이익을 입은 노동자에 대한 원상회복 조치를 취하라는 내용을 담고 있습니다. 확정된 구제명령을 이행하지 않은 사용자는 3년 이하 징역 또는 3천만 원 이하 벌금형에 처해집니다.

부당노동행위 구제신청 절차도

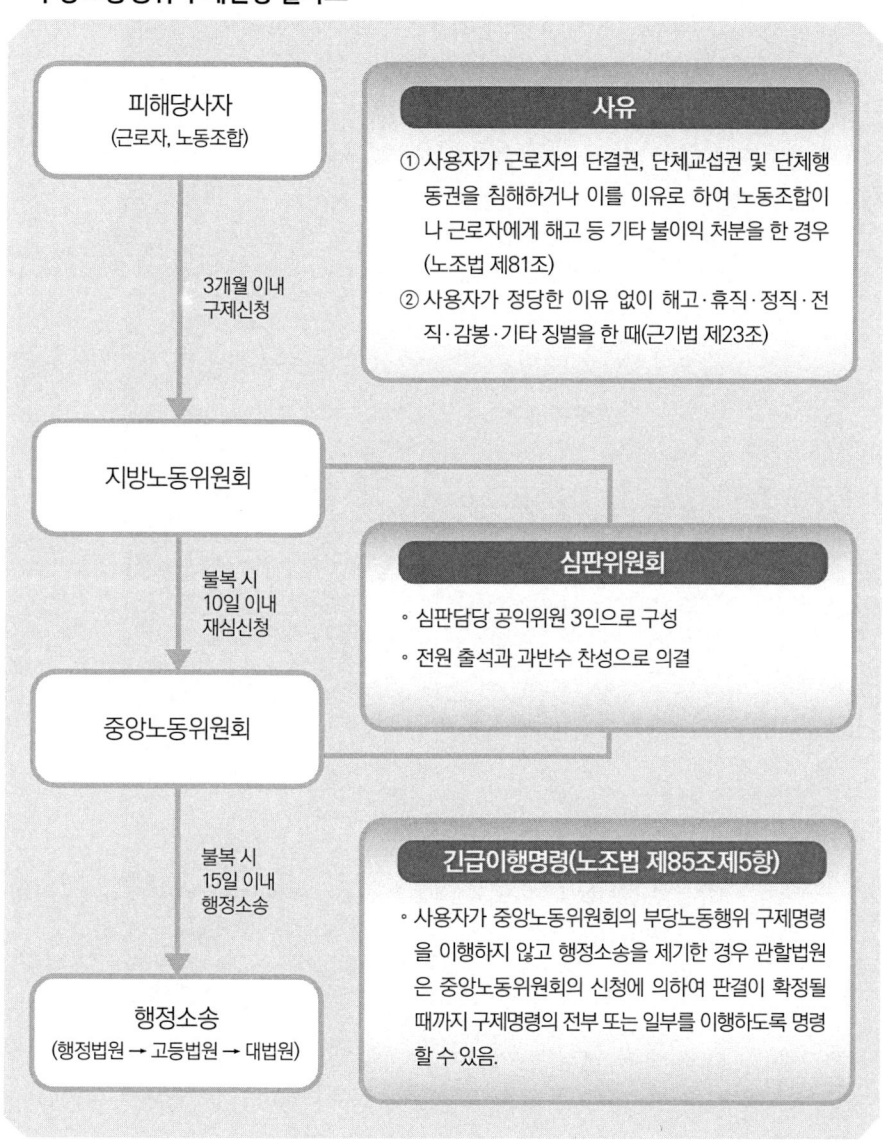

노동조합 100문 100답

부록

한눈에 보는 2020년 12월 개정 노조법

ILO 기본협약 비준을 위해 법 개정이 필요하다며 정부는 2020년 6월 30일 노조법·공무원노조법·교원노조법 개정안을 발의하였습니다. 논란 끝에 2020년 12월 9일 새벽 국회 환경노동위원회는 최초 정부 발의안 내용을 일부 수정한 대안을 마련하였고, 당일 오후 국회 본회의에서 의결되었습니다. 개정 법은 공포 후 6개월이 경과한 날부터 시행합니다.

개정 법률 내용을 살펴보겠습니다. 항목별로 관련 문항 번호를 표기하니 해당 문항과 함께 보면 더 좋겠습니다.

01   기업별 노동조합도 해고자의 조합원 자격이 인정됩니다.

> ▶ 관련문항
> Q. 005 : "형식상 개인사업자로 등록돼 있습니다. 노동조합을 만들 수 있나요."
> Q. 011 : "노동조합 설립 과정에서 해고된 직원들이 있습니다. 해고 이후에도 조합원 신분이 유지되나요."

근기법상 근로자와는 달리 노조법상 근로자에는 해고자나 실업자·구직자도 포함되며, 이들도 노동조합을 만들거나 노동조합에 가입할 수 있습니다. 따라서 노조법(제2조 제4호 라목 단서)에서 "해고된 자가 노동위원회에 부당노동행위 구제신청을 한 경우에는 중앙노동위원회의 재심판정이 있을 때까지는 근로자가 아닌 자로 해석하여서는 아니 된다"는 조항은 기업별 노동조합에만 적용되는 것이죠.

기업별 노동조합이라도 해고자 등의 조합원 자격을 부정하는 것은 ILO 기본협약에 위반됩니다. 따라서 위 노조법 제2조 제4호 라목 단서가 삭제되어, 앞으로는 기업별 노동조합에도 해고자가 가입하거나 조합원 지위를 유지할 수 있게 됐습니다.

그런데 아래 2번 항목에서 소개할 이른바 '종사근로자'가 아닌 조합원의 자격을 제한한 내용이 함께 신설되어 해고자의 온전한 조합원 지위가 보장되지는 않았습니다. 특히 ILO는 특수고용 노동자 등의 노동조합 가입을 보장하기 위한 취지에서 노조법 제2조 제4호 라목 전체 삭제를 권고해 왔습니다. 노동계도 같은 요구를 줄기차게 했으나 이번 개정 법에 포함되지 않았습니다. 따라서 개정된 법 내용 역시 '모든 노동자의 노조할 권리 보장'이라는 ILO 기본협약 위반 소지가 여전히 존재한다고 평가됩니다.

02 종사근로자가 아닌 조합원은 몇 가지 자격이 제한됩니다.

1) 사업장 내 노동조합 활동이 일정하게 제한됩니다.

▶ 관련문항

Q. 011 : "노동조합 설립 과정에서 해고된 직원들이 있습니다. 해고 이후에도 조합원 신분이 유지되나요."

해고자의 노동조합 조합원 지위를 인정하는 한편 '종사근로자'라는 개념이 생겼습니다. 종사근로자가 아닌 노동조합 조합원은 "사용자의 효율적인 사업 운영에 지장을 주지 아니하는 범위에서 사업 또는 사업장 내에서 노동조합 활동을 할 수 있다"는 것이 주된 내용입니다.(노조법 제5조 제2항 신설)

종사근로자는 "사업 또는 사업장에 종사하는 근로자"라고 정의하였으니 해당 사업체에 재직 중인 근로자로 해석됩니다. 결국 해고자 등 이른바 '비종사근로자'인 조합원은 사업장 내 노동조합 활동에도 일정한 제한을 받게 될 것입니다. 그리고 '사용자의 효율적인 사업운영에 지장을 주지 아니하는 범위'가 무엇인지 그 해석과 관련한 다툼도 예상되는 대목입니다.

한편, "종사근로자인 조합원이 해고되어 노동위원회에 부당노동행위의 구제신청을 한 경우에는 중앙노동위원회의 재심판정이 있을 때까지는 종사근로자로 본다"는 조항이 신설됐습니다.(노조법 제5조 제3항) 삭제된 기존 노조법 제2조 제4호 라목 단서와 같은 체계 및 구성을 가진 조항이므로 요건과 신분 유지 기간 등의 해석은 삭제된 기존 조항에 대한 설명(11번 문항)을 참고하면 됩니다.

2) 기업별 노동조합의 임원 또는 대의원이 될 수 없습니다.

> ▶ 관련문항
> Q. 020 : "노동조합 조합원이 갖는 권리와 의무를 설명해 주세요."
> Q. 028 : "조합원이 얼마 되지 않습니다. 그래도 대의원을 뽑고 대의원대회를 해야 합니까."
> Q. 030 : "위원장 후보 출마 자격을 노동조합 가입 1년 이상인 자로 제한하고 있습니다. 적법한 건가요."

"하나의 사업 또는 사업장을 대상으로 조직된 노동조합의 대의원은 그 사업 또는 사업장에 종사하는 조합원 중에서 선출하여야 한다"(노조법 제17조 제3항 신설), "하나의 사업 또는 사업장을 대상으로 조직된 노동조합의 임원은 그 사업 또는 사업장에 종사하는 조합원 중에서 선출하도록 정한다"(노조법 제23조 제1항 신설)는 조항들이 신설됐습니다. 즉, 종사근로자가 아닌 조합원은 기업별 노동조합의 임원 또는 대의원이 될 수 없게 된 것입니다.

초기업별 노동조합의 경우에는 현재도 해고자나 특정 사용자와 고용관계 없는 노동자가 노동조합의 임원 또는 대의원이 될 수 있으니 달라진 것은 사실상 없습니다. 기업별 노동조합의 임원 등의 자격제한은 ILO 개선 권고에 반하는 내용이라 이 부분 역시 ILO 기본협약 위반 소지가 여전히 존재합니다.

또한 노조법(제22조)은 노동조합 조합원의 균등한 권리와 의무를 부여하고 있어 이 조항과 상충됩니다. 나아가 조합민주주의 원칙과 헌법상 평등권 침해 소지도 있습니다.

3) 근로시간면제 한도 설정, 교섭대표노동조합 결정, 쟁의행위 찬반투표 등을 위한 조합원 수에 포함되지 않습니다.

> ▶ 관련문항
> Q. 037 : "노동조합 조합원이 178명인데요. 전임자를 몇 명까지 둘 수 있습니까."
> Q. 048 : "어느 쪽이 과반수 노동조합인지 다툼이 있습니다. 어떻게 판단하나요."
> Q. 075 : "파업을 하려면 어떤 절차를 거쳐야 합니까."

근로시간면제 한도를 설정할 때(노조법 제24조 제2항 개정), 교섭대표노동조합을 결정할 때(노조법 제29조의2 제10항 신설), 쟁의행위 찬반투표를 할 때(노조법 제41조 제1항 개정) 종사근로자가 아닌 조합원은 조합원 수 산정에서 제외됩니다.

참고로 개정 법률에 따라 조합원 수 산정에서 종사근로자가 아닌 조합원을 제외하는 것은 위 세 가지에 국한하므로, 노동조합 내부 운영 등 그 외 사안에서는 종사근로자가 아닌 조합원도 노동조합 재적 조합원 수에 당연히 포함됩니다.(관련 문항 Q. 025 : "전체 조합원 90명 중 51명이 총회에 참석해 48명이 투표한 결과 25명이 찬성했습니다. 가결인가요.")

03 근로시간면제 제도 조항의 문구가 일부 수정됐습니다.

▶ 관련문항
Q. 039 : "타임오프 제도에 어떻게 대응해야 할까요."

　우선 노조법에서 '노동조합 전임자'라는 용어가 없어졌습니다. 대신 '사용자 또는 노동조합으로부터 급여를 지급받으면서 근로계약 소정의 근로를 제공하지 아니하고 노동조합의 업무에 종사하는 근로자'로 표현했습니다. 이 역시 사실상 노동조합 전임자를 의미합니다. 사용자에게 급여를 지급받는 근로자를 지칭하는 '근로시간면제자'라는 용어가 신설됐으나 단순히 용어 정비 차원의 문구 수정으로 보입니다.
　"노동조합 전임자는 사용자로부터 어떠한 급여도 지급받아서는 아니 된다"는 조항(노조법 제24조의2 제2항)과 '근로시간면제 한도(타임오프 고시) 등을 위반하는 급여 지급 목적의 쟁의행위 금지' 조항(노조법 제24조의2 제5항)이 삭제됐습니다. 그러나 ① 근로시간면제자는 근로시간면제 한도를 초과하지 않는 범위에서 임금 손실 없이 노동조합 업무에 종사할 수 있고 ② 근로시간면제 한도를 초과하는 내용을 정한 단체협약 또는 사용자의 동의는 그 부분에 한해 무효가 된다는 내용이 신설됐으며(노조법 제24조 제4항) ③ 근로시간면제 한도를 초과하여 급여를 지급하는 사용자의 행위를 여전히 부당노동행위로 다시 규정(노조법 제81조 제4호)하고 있어, 사실상 변경된 내용은 없다고 판단됩니다. 오히려 근로시간면제 한도를 초과하는 내용의 단체협약이나 사용자의 동의가 무효라는 명시적인 규정이 신설되어 더 이상 다툼의 여지가 없게 만들었습니다.

ILO 기본협약의 취지와 권고 내용은 노동조합 전임자와 관련하여 국가가 개입하지 말고 노사 자율에 맡기라는 것입니다. 따라서 개정된 법 내용 역시 ILO 기본협약 위반 소지가 여전히 존재합니다.

한편, 근로시간면제 한도를 결정하는 '근로시간면제심의위원회'를 고용노동부 산하에서 경제사회노동위원회 산하로 옮겼습니다.

04 교섭창구 단일화 제도가 일부 개선됐습니다.

1) 개별교섭 시 사용자의 차별대우가 금지됩니다.

> ▶ 관련문항
> Q. 046 : "교섭대표노동조합을 결정하는 절차를 설명해 주세요."
> Q. 104 : "복수노동조합 사업장에서 예상되는
> 사용자의 부당노동행위는 어떤 것들이 있습니까."

사용자의 동의가 있으면 교섭창구 단일화 절차를 거치지 않고 교섭대표노동조합 없이 각각의 노동조합들이 사용자와 이른바 '개별교섭'을 할 수 있죠. 그런데 개별교섭에 대한 결정권이 사용자에게 있다 보니 개별교섭을 악용한 사용자의 각종 노동조합 간 차별행위나 부당노동행위가 극심하게 발생하고 있습니다.

이번 노조법 개정으로 개별교섭 시 "사용자는 교섭을 요구한 모든 노동조합과 성실히 교섭하여야 하고, 차별적으로 대우해서는 아니 된다"는 조항(노조법 제29조의2 제2항)이 신설됐습니다. 다만 현재도 사용자의 개별교섭을 악용한 노동조합 간 차별행위는 부당노동행위로 해석되니 새로운 제도가 생겼다기보다는 당연한 내용을 명시적인 조문으로 재확인한 것으로 볼 수 있습니다.

2) 노동위원회는 교섭단위 분리뿐만 아니라
분리된 교섭단위의 통합도 결정할 수 있습니다.

▶ 관련문항
Q. 054 : "교섭단위를 분리하려면 어떻게 해야 하나요."

하나의 사업 또는 사업장에서 현격한 근로조건의 차이, 고용형태, 교섭 관행 등을 고려하여 교섭단위를 분리할 필요가 있다고 인정되는 경우 노사 양쪽 또는 어느 한쪽의 신청을 받아 노동위원회가 교섭단위 분리 결정을 할 수 있죠. 그런데 분리된 이후 다시 통합하는 방식에 대해서는 노조법에 아무런 규정이 없었습니다.

이에 노조법 해당 조항(제29조의3)의 문구를 "교섭단위를 분리하거나 분리된 교섭단위를 통합하는"으로 수정하여 노동위원회가 분리된 교섭단위의 통합을 결정할 수 있는 근거규정을 갖추었습니다. 앞으로는 교섭단위가 분리된 사업장의 노동조합 또는 사용자는 다시 통합이 필요하다고 판단되는 경우 노동위원회에 교섭단위 통합 신청을 할 수 있습니다.

05 단체협약의 유효기간 상한이 연장됐습니다.

▶ 관련문항
Q. 067 : "전세계약처럼 단체협약도 자동연장이 가능한가요."

기존 노조법상 단체협약(임금협약 포함)의 유효기간은 최대 2년입니다. 유효기간을 정하지 않거나 2년을 초과하는 유효기간을 정한 경우 유효기간은 2년으로 간주되죠. 이 유효기간의 상한이 3년으로 연장됐습니다.(노조법 제32조 제1항 개정)

이번 노조법 개정에서 가장 개악된 내용으로 평가됩니다. 무엇보다 ILO 기본협약 비준과 아무런 상관이 없는 내용으로서 그저 재계의 요구를 반영해 준 것에 불과합니다. 물론 현재도 임금협약은 대부분 유효기간을 1년으로 정하는 등 노동조합의 힘에 따라 3년보다 짧은 단체협약 유효기간을 정할 수도 있습니다. 그러나 신규 노동조합이나 조직력이 강하지 않은 노동조합의 경우 단체협약의 법상 유효기간 상한이 3년으로 연장된 이상 3년을 고집하는 사용자의 요구를 거부하기 어려울 수 있습니다. 특히 교섭창구 단일화 제도와 연계해 보면 소수 노동조합은 더 오랜 기간 교섭권을 침해당할 수도 있게 되었습니다. 한편 교섭대표노동조합의 지위 유지기간은 원칙적으로 2년이므로 단체협약의 유효기간과 맞지 않아 다툼이 발생할 소지도 있다고 판단됩니다.

단체교섭 및 단체협약 체결은 노동조합의 가장 중요한 활동이자 기본적인 기능이기도 합니다. 단체협약의 유효기간 상한은 말 그대로 상한일 뿐이므로, 대다수 노동조합이 임금협약 유효기간을 1년으로 두고 있는 것처럼 적극적인 교섭과 대응을 통해 적절한 유효기간을 쟁취해 내야 하겠습니다.

06 쟁의행위의 기본원칙 조항에 직장점거 관련 내용이 추가됐습니다.

> ▶ 관련문항
> Q. 079 : "파업기간에 회사에서 농성을 해도 괜찮을까요."

"노동조합은 사용자의 점유를 배제하여 조업을 방해하는 형태로 쟁의행위를 해서는 아니 된다"는 조항(노조법 제37조 제3항)이 신설됐습니다.

배타적이고 전면적인 점거행위가 아니라면 직장점거 농성은 쟁의행위의 한 수단으로 적법하다는 것이 판례의 일관된 입장입니다. 따라서 위 조항의 신설로 현재와 달라지는 내용은 없다고 판단됩니다. 사실 애초 발의된 정부의 노조법 개정안에는 사실상 직장점거를 전면 금지하거나 사업장 내 일상적 조합활동까지 제약하는 것으로 해석될 수도 있는 내용이 있었는데 노동계의 항의에 따라 국회가 법안심사를 하는 과정에서 해당 내용은 빠졌습니다.

이른바 부분적·병존적 직장점거는 적법하다는 판례를 단순히 확인하는 조항으로 해석됩니다. 고용노동부도 노조법 개정으로 현재와 비교해 달라진 것은 없다는 입장입니다.(「개정 노조법 설명자료」 고용노동부, 2020년 12월) 따라서 혹시라도 사용자가 신설된 조항을 자의적으로 해석하여 악용하지 않도록 노동조합의 적극적인 대응이 필요하겠습니다.

07 | 퇴직 교원·공무원도 노동조합 가입이 가능해졌고 공무원노동조합에 가입할 수 있는 공무원 직급 제한이 폐지됐습니다.

▶ 관련문항
Q. 004 : "노동자라면 누구나 노동조합을 만들 수 있나요."
Q. 009 : "행정관청에 설립신고를 하지 않으면 노동조합으로 활동할 수 없나요."

교원노조법상 교원노동조합에 가입할 수 있는 사람에 교원 외에도 "교원으로 임용되어 근무하였던 사람으로서 노동조합 규약으로 정하는 사람"이 추가됐습니다.(교원노조법 제4조의2 제2호 신설) 전국교직원노동조합을 법외노동조합으로 만든 한 원인이기도 했던 해고자의 조합원 지위가 ILO 기본협약에 맞게 해소된 것입니다.

공무원노조법상 공무원노동조합에도 퇴직공무원의 가입이 가능해졌습니다.(공무원노조법 제6조 제1항 제4호 신설) 또한 공무원노동조합 가입기준 중 공무원의 직급 제한을 폐지하고 소방공무원과 교육공무원도 노동조합 가입이 가능해졌습니다.(공무원노조법 제6조 제1항) 다만, 업무의 주된 내용이 다른 공무원에 대한 지휘·감독권을 행사하거나 다른 공무원의 업무를 총괄하는 업무에 종사하는 공무원, 업무의 주된 내용이 인사·보수 또는 노동관계의 조정·감독 등 노동조합 조합원 지위를 가지고 수행하기에 적절하지 않은 업무에 종사하는 공무원, 교정·수사 등 공공의 안녕과 국가안전보장에 관한 업무에 종사하는 공무원은 여전히 노동조합 가입이 금지됩니다.(공무원노조법 제6조 제2항)

노동조합 설립·단체교섭·파업·부당노동행위
당신이 노동조합에 궁금한 모든 것

노동조합 100문100답

초판 1쇄 발행 2015년 10월23일
    2쇄 발행 2015년 12월7일
개정판 1쇄 발행 2020년 10월12일
개정2판 1쇄 발행 2020년 12월22일
    2쇄 발행 2022년 3월1일

지은이 | 박성우 이상혁 권두섭
펴낸이 | 부성현
펴낸곳 | (주)매일노동뉴스
디자인 | 김혜진 김효정

등 록 | 제2008-62호
주 소 | 서울시 마포구 동교로16길 15, 3층(서교동, 동호빌딩)
전 화 | 02-364-6900
팩 스 | 02-364-6901
Homepage | www.labortoday.co.kr

ISBN 978-89-97205-01-1
가격 20,000원

이 책의 판권은 (주)매일노동뉴스에 있습니다.
내용의 일부와 전부를 무단 게재하거나 복제하는 것을 금합니다.